2020年版

億超えを
可能にする

株の
稼ぎ技
225

standards

—— *Introduction* ——

株式投資で成功するための知識が満載!!

株式投資で成功するために

株式投資は、基本的な知識だけでは成功できません。かといって成功している人の手法をそのままマネしても、うまくいくことは少ないでしょう。

株価の動きは、経済の地合い、テクニカルの見方、企業の状況、世界の情勢、投資を行うほかの人たちは何を重視しているか、などさまざまな要因が絡んでおり、さらには個人の性格や考え方もあるために、株価の動向をを予測するのは難しいものです。

ですが、それでも自分の性格や考え方のもと、大小のテクニックや知識など、一つひとつの利点が積み重なり、それらがうまく重なった

とき、株で大きく成功することができます。

弊社および製作者は、これまでに多くの株式投資に関する識者や、成功投資家達と交えて株式投資の本を制作してきました。そこで蓄積された知識を活かした実体験や、彼らなりの分析術などを株式投資のテクニックとしてまとめたのが本書です。

今回の 2020 年版では、短期、長期にかかわらず株式投資を行うにあたって知っておいてほしいことや、コロナショックをはじめ時代に合わせた暴落時の対応や、売買方法などの新テクニックを収録しました。

本書が少しでもあなたなりの投資スタンスの助力になれば幸いです。

『株の稼ぎ技 225』編集部

協力してくれた方々

V_VROOM

主に Twitter で新興テーマ株と人気銘柄を中心に株価実況、情報周知を目的に呟く。好業績株、短期急騰銘柄のカップウィズハンドル型底拾い主軸手法としつつも、材料速報の飛び乗りも行う。

Twitter ▶ @ v_VRo_m

伊藤亮太

学生の間に CFP 資格、DC アドバイザー資格を取得。その後、証券会社の営業・経営企画部門、社長秘書等（その間に投資信託や株式の販売、セミナー企画、FX 事業の立ち上げ、投資顧問会社の設立など）を行う。また、投資銀行業務にも携わる。

Twitter ▶ @ skirrjapan
HP　　▶ https://www.ryota-ito.jp/

戸松信博

グローバルリンクアドバイザーズ株式会社代表。鋭い市場分析に定評がある。メルマガ購読者数は 3 万人以上。『本気で始める人の株式投資の教科書』など著書多数。

足立武志

足立公認会計士事務所代表。『株を買うなら最低限知っておきたい ファンダメンタル投資の教科書』（ダイヤモンド社）をはじめ、著書多数。

かんち

専業投資家。1988 年に 2000 万円で投資を始め、2018 年に資産 5 億円を突破。「未評価・ジリ伸び・指標が安い」これら 3 つに当てはまる銘柄で PF を組む。

ようこりん

専業投資家。不動産収入で得た 1000 万円を元手に 2005 年から株投資を始める。アベノミクスの勢いに乗り 2015 年度末に 1 億円超え。

本書の読み方

本書は個人投資家やアナリストが行っている判断方法や知識、相場の動きをテクニックとして分野に分けて掲載しています。

各テクニックには時折「期間限定」「信頼度高」「リスク大」の３つのアイコンを掲載しています。年間のうち特定の時期のみ有効なテクニックには「期間限定」。よく使われるテクニックで特に信頼できるものには「信頼度高」。一方で使えるテクニックではありつつも損失リスクがあるものには「リスク大」。

また、ページ下部の欄外には、用語の解説も行っています。参考にしていただければ幸いです。

小グループ ───

▶ 銘柄選択

039

暴落時には時代に沿ったテーマ株を買う

アイコン ───

📅 期間限定

▶ 資金が集中する株を見極める

　暴落時に買い目線で相場を見ると、全体相場は下がっているが、「上がる銘柄や金融資産」が一定数存在する。それは、時代の風潮にあった商品やサービスを提供している企業の銘柄だ。全体相場が下がっている、つまり株式というリスクの高い資産からの引き上げが起こっている場合、業績というよりも、時代に沿ったテーマ株で勝負するのが最も勝率が高い。

　時代に沿ったテーマ株を探す際に重要なのは、「世の中がパニックになったときにお金が生まれる方向性を冷静に見る」ということだと、個人投資家のVさんはいう。コロナショッ

クが新型ウイルスの発生と流行により引き起こされ、リーマンショックがリーマンブラザーズの経営破綻により引き起こされたように、暴落の原因とその影響は、毎度異なるだろう。だが、お金が生まれる方向性を冷静に見るという暴落時の対応は、どのような暴落でも有効だ。

　今回のコロナショックでは、マスクやテレワーク、巣籠り消費などが時代に沿ったテーマである。テーマやセクターの見極めを優先して行い、全体の下げに引きずられて一時的に株価が下がっても、そこからの戻りの早い銘柄を見つけられる可能性が高く、むしろ資金が集中して上がる可能性もある。暴落時には世の中の動きに惑わされずに、上がる株を見極めることが重要だ。

用語解説 ───

バスケット買い
多数の銘柄が入ったかごを1つの商品とみなし、売買する取引のこと。一般的には、15銘柄以上かつ1億円以上の大口取引となる

ニュースを見極めてチャンスを掴む方法がたくさん！

今すぐ使えるテクニック満載！

億超えを可能にする 株の稼ぎ技

CONTENTS

Section.3
相場・テクニカル

Section.4
株に関する制度

Section.6
アノマリー・メンタル・過去データ

！ お読みください

株式投資はリスクを伴います。本書で解説している内容は、個人投資家やアナリストの方々が使う手法・知識をテクニックとして収録したものですが、投資において絶対はありません。

製作、販売、および著者は投資の結果によるその正確性、完全性に関する責任を負いません。

実際の投資はご自身の責任でご判断ください。本書は2020年5月時点の情勢を元に執筆しています。

Section.1

配当・優待

配当利回りや優待利回りの見方だけでなく、
数字では見えない得するテクニックも掲載。
配当・優待重視の投資家がぜひとも知っておきたい情報が満載。

▶優待の買い方

001

優待新設や変更は「適時開示情報」でチェック

📈 信頼度高!!

▶「適時開示情報」で 検索時間を短縮

各企業の優待情報を手早くチェックしたいときに使えるテクニック。

優待の新設や取得条件の変更などは各企業のウェブサイトで確認できるが、一つひとつ確認していくのは手間がかかる。そんなときは「TDnet　適時開示情報閲覧サービス」を使ってみよう。「適時開示情報検索」で「優待」と検索をかければ、日本取引所グループ（JPX）に所属する企業の最新情報が表示され、手軽に自分の希望に沿ったスクリーニングができる。

特に「優待内容の変更」「優待制度の導入」のお知らせが有力な情報となる。

ただし、検索できる情報は過去1カ月までしかさかのぼることができないので注意が必要。

同様の内容は日経電子版でも閲覧が可能。こちらは気になる銘柄をまとめてリストにすることもできるが、日経電子版のアカウントの作成が必要となるので面倒な人はTDnetを利用しよう。また、速報性・信頼性にはTDnetに劣るが、「net-ir（※）」でも優待の新設・変更情報を調べることができる。こちらは項目ごとに表示されているので見やすい特徴がある。

※　https://yutai.net-ir.ne.jp/

☰ 優待情報のスクリーニングのやり方

1 キーワードを入れる

TDnet(https://www.release.tdnet.info/index.html)のウェブページに飛んだら右上の「キーワード検索」に「優待」と入れる。

2 一覧を表示

優待に関する情報を出した銘柄が表示される。

3 書類を確認

「表題」をクリックすれば企業が提出した書類を閲覧できる。

知っておきたい!

表示期間に注意

適時開示情報サービスでは、当日から過去1カ月までの情報しか閲覧できない。気になる銘柄がある場合や遡って優待情報を確認したい場合は企業のウェブサイトで直接確認しよう

||スクリーニング
条件にあった銘柄を選出する作業

||つなぎ売り
相場が下落を見込んでいる場合に、現物株を売らずに同じ銘柄を信用取引で空売りすること

優待銘柄は過去の値動きを週足で確認

🔼 信頼度高!!

▶ 過去チャートから下げ止まりの ポイントを見つける

優待銘柄をなるべく割安で購入したいときに使える。

決算直後は値下がりがよくあり、ついつい下がってすぐの価格で買ってしまいがち。しかし、過去チャートの底値を見ておけば、「これ以上は下がらないだろう」というラインがわかるので、お得に優待銘柄を買えるチャンスになる。週足で過去2年ほどを見ておけばよいだろう。

日経平均株価が上がり調子だと週足で見にくい部分があるが、2015年以降は日経平均株価も横ばいなので週足で見てもとくに問題はない。

底値が確認できれば、暴落がない限りはその価格を割る可能性が低く、買いの目安になる。

≡2年分の底値を確認

2018年から2020年のトヨタ自動車(7203)の日足チャート。2018年の12月が底値だったことがわかる。

つなぎ売りで値下がりリスクをヘッジ

▶ 「つなぎ売り」で 安全に優待をゲット!

信用売り（テクニック128参照）を使って、値下がりリスクを避けるテクニック。優待銘柄は権利日が過ぎると価格が下がりやすい傾向がある。そこで欲しい優待銘柄の権利付き最終日までに現物の買いと同数の株を信用取引を使って売ることで、株価が変動しても損益を相殺することができる。これを「つなぎ売り」と呼ぶ。権利付き最終日の取引終了時間までに株式を保有し優待の権利が獲得できれば、翌日以降に信用取引分は現渡ししてつなぎ売りの取引を終了させよう。ただしつなぎ売りをする銘柄が制度信用銘柄の場合は、信用売残が増加すると逆日歩が付く場合があるため注意が必要。

≡つなぎ売りのしくみ

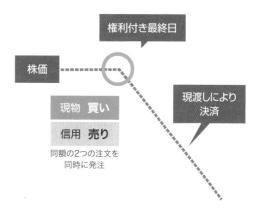

現物の損失は信用の利益で相殺され、値下がりリスクを避けて優待の権利を獲得できる。

配当・優待

制度信用銘柄
取引所が選定した信用取引が可能な銘柄。証券会社が選定したものは一般信用銘柄と呼ばれる

逆日歩
制度信用取引において取引所が株を機関投資家などから調達する際にかかるコストを売り手が負担するもの

▶ 優待の買い方

004

優待利回りを算出して利率の高い銘柄を買う

📈 信頼度高!!

▶ 配当+優待で 総合的な利回りを計算

　優待品のなかで、クオカードや図書券など金券ショップなどで交換できるものがある。こうした金額に換算できる優待品であれば、投資金額に対してどれくらいの利回りがあるのかを計算できるので配当と同じような扱いにできる（優待利回り）。また、優待利回りは配当利回りと合わせて計算できる（優待配当利回り）ので、こだわりなどなければ、この優待配当利回りの利率が高い銘柄を優先するとよい。例えば教養・音響製品を取り扱うオンキヨー（6628）は2020年4月21日現在、株価が10円のため株を100株を保有すると1000円で、優待とし

て1000円のクーポンをもらうことができるため、優待利回りは100%となる。また、チケットショップなどで換金する場合はクオカードなどが換金率が高くなる（テクニック010参照）。優待配当利回りの利率の目安としては、3%超えを狙いたい。

📊 優待配当利回りの例

計算式

配当利回り + 優待利回り
（金銭に換算）

例1	**オンキヨー** 0%（配）+100%（優）=100%
例2	**VTホールディングス（7593）** 6.99%（配）+137.45%（優）=144.44%

※株価は2019年4月21日現在

▶ 優待の買い方

005

月別で優待銘柄を調べる方法

📈 信頼度高!!

▶ 「今月確定の優待銘柄は〜」 そんなときに便利!

　優待を調べる際に使え、基本ともいえる方法。カブドットコム証券のウェブサイトでは「○○月の優待銘柄一覧」として、月別に当月の優待の権利が確定する銘柄順にリストアップされて確認できるようになっている。「特定の月に優待の到着を固めたくない」「○○月に優待商品を受け取りたい」という場合は重宝する。また、銘柄名をクリックすれば、優待内容の詳細やチャート、企業の個別情報が閲覧できるのもいい。加えて口座を開設していればそのまま売買に移行できるなど、使いやすい。

📊 月別で優待を調べる

カブドットコム証券のウェブサイトに表示された2019年12月の優待情報。銘柄と内容が確認できる。

欲しい優待商品から銘柄を選ぶ方法

信頼度高!!

▶ カブコムと松井証券 が目的で調べやすい

数ある優待品の中でも、特に「クオカードが欲しい」「カタログギフトが欲しい」といった場合に使える。

カブドットコム証券のスマートフォンアプリ「PICK UP! 株主優待」では、企業名からではなく欲しい優待商品からキーワードで検索できる機能を搭載している。例えば2020年2月現在、検索機能を使って「金券」を選択して検索すると、金券で3月に権利確定を控えるダイトウボウ（3202）や岡藤HD（8705）などの優待銘柄が表示される。ほかにも人気の銘柄をランキング形式で表示するなど、さまざまなニーズに対応している。

その他、松井証券のウェブサイトでは、キーワード検索のほか、優待内容・最低投資金額・権利確定月・配当利回りなど個別で設定が可能。細かい条件に絞ってスクリーニングができるなど各人のニーズに合った優待銘柄検索も可能。

カブドットコム証券と松井証券どちらも口座を開設していればそのまま取引に移ることもできる。「優待銘柄を買いたいけどどれを買えばいいか悩む……」という人には特におすすめだ。

優待の中身から銘柄を検索

カブドットコム証券のスマートフォンアプリ「PICK UP! 株主優待」の紹介サイト（https://kabu.com/app/pickup_yutai/default.html）。

「PICK UP! 株主優待」
iTunes Store

「PICK UP! 株主優待」
Google Play

いくつかの条件に合わせてスクリーニングができる松井証券のウェブサイト（https://finance.matsui.co.jp/stocks/matsui/contents/complimentary.aspx）。

スクリーニングは松井証券が便利だね

配当・優待

▶ 優待の買い方

007

抽選方式の優待でも宝くじより当たる

▶ 長期保有で 抽選確率もアップ!

　旅行券など高額な優待になると、全員に配当ではなく抽選となる優待が多い。ガールズファッションに強みを持つクロスプラス（3320）は、100株以上で3000円相当の自社商品またはクーポン券がもらえる。さらに、抽選で10名に30万円相当の旅行券が当たり、3年以上継続保有すれば、さらに2名分の枠が増えるシステムなので当選確率もアップ。また、独立系システムインテグレーターのシステム情報（3677）は、100株以上でクオカード500円相当がもらえる。それに加え、50名に10万相当の旅行券が当たる。抽選と聞くと当たらなさそうに感じるが、システム情報の場合は株主

数が9154名（2019年9月30日）で、宝くじの当選率より高いといえる。

クロスプラスオンラインショップ。クーポン券はオンラインショップで利用可能。

▶ 優待の買い方

008

格安モバイルが年間2100円割引できる銘柄

▶ 格安モバイルの 使用料も優待にできる

　TOKAI HD（3167）ではこれまでの4コースの優待に新たなコースが加えられた。グループ会社飲料水宅配サービス関連商品、クオカード、グループ会社レストラン食事券、TLCポイント（グループ会社会員サービスポイント）に加えて、「LIMBO」の割引コースも選択できる。「LIMBO」とはTOKAIの格安モバイルで、100株以上保有してると月額利用料350円分を6カ月間割引できるため、最大2100円割引可能だ。新規で利用する人も、すでに利用している人もどちらも対象になる。また、このコースから1点のほか、グループ会社結婚式場共通婚礼10％割引券およびお食事20％割引券がも

らえる。配当よし、優待よしの優良銘柄だ。

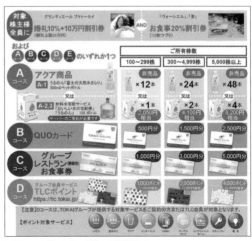

TOKAI HD（3167）の優待は種類が豊富。

小売り・飲食銘柄は優待発表前に押さえる

▶「安値で優待ゲット」「値上がり益」の利点がある

　これは「お得に優待をゲットしたい」「値上がり益も欲しい」という場合に特に使う。小売りや飲食銘柄は上場から2～3年で優待を新設するケースが多い。それを予想しつつ優待新設前に仕込んでおくことで、新設後の値上がりと、優待を割安で買えるというメリットがある。IPOで上場した小売り・飲食銘柄などをチェックしておくとよいだろう。また、ラーメンチェーン「山岡家」を運営する丸千代山岡家（3399）のように、上場から時間が経っていても優待を新設して大幅に上昇する銘柄もある。こうした銘柄を探すには好業績でかつ飲食・小売り銘柄、優待を行っていない、などの条件から調べていく。

優待新設で上昇した例

日本調剤（3341）日足
2020年2月

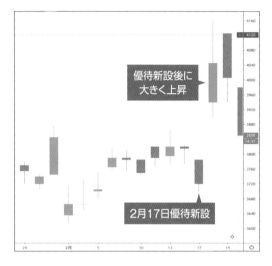

優待新設後に大きく上昇

2月17日優待新設

クオカード系の銘柄で換金率を高める

信頼度高!!

▶利便性の高い優待品は高レートで換金可能

　配当のようにインカムゲインとして優待を捉えるならば覚えておきたいテクニック。優待品の中でも定番のクオカードは換金率も90%以上と非常に高く、金券ショップなどで買取が可能。類似の優待品として図書カードやグルメカードなどがあるが、使用用途が限定されるためクオカードに比べると換金率が低い。各企業の系列店で使える食事券などと比較しても使用期限がない分、換金率が高い。またクオカードを優待としている企業は配当も高い場合も多く、利回りを重視したい場合は換金性の高い金券やカードを確認してから買うのがおすすめ。

クオカードがもらえる優待利回りが高い銘柄

	最低購入金額（円）	100株以上	優待利回り（%）	配当利回り（%）
アサックス（8772）	6万2188円	2000円相当	3.22	2.41
原田工業（6904）	8万188円	3000～4000円相当	3.74	0.93
クワザワ（8104）	4万5855円	2000円相当	4.32	1.31
東京特殊電線（5807）	22万8698円	3000～5000円相当	1.31	2.62
グローセル（9995）	3万9255円	1000円相当	2.51	3.06
N・フィールド（6077）	4万1455円	2000円相当	4.59	1.20

（2020年4月21日現在）

利回りに注目!

配当・優待

▶優待で得をする

011

ユニバーサルEの優待は値段以上

📈 **信頼度高!!**

▶オリジナルコラボ商品をゲット!

アミューズメント機器の製造や、リゾートの運営を行うユニバーサルエンターテインメント（6425）の優待品は、2018年は「OKADA MANILAアメニティセット」、2017年「モバイルバッテリー」、2016年が「豆皿＆銘々皿コレクション」だったとのこと。

すべて非売品となっており、商品ごとにユニバーサルエンターテインメントのロゴがひっそりと入っているオリジナル商品。優待品は毎年変わり、公式サイトに優待自体の発表がない。総会が6月にあり、最低単元である100株以上を保有していれば6月以降に届く。

株主優待限定の商品がもらえることも！

① ② ③ ④ ⑤ ⑥

▶優待で得をする

012

創業〇〇周年で記念品が配られる

📆 **期間限定**

企業のなかには、通常の株主優待のほか創業〇〇周年として記念品を配布するところもある。過去の例では、不二家（2211）の創業100周年記念にペコちゃんグッズが配られたり、サンリオ（8136）もキティちゃんの記念品の贈呈品が配られたこともある。直近ではタカラトミー（7867）が2019年3月末に100株以上の保有で創立95周年を記念して復刻版ブリキの玩具を配布予定。ただしほとんどが抽選であるため、記念品目当てに株を買うケースは少ない。

不二家の創業100周年で配られたペコちゃんの首振り人形。

お得に優待GET!!

いいなー

優待権利を安く手に入れられる時期

📅 **期間限定**

▶ 優待の権利確定日直前は 取引を避けるのは鉄則

優待を安く手に入れたいときに使いたいテクニック。

株主優待をもらうためには1年中株式を保有する必要はなく、権利確定日に保有していれば優待をもらう権利が保障される。したがって優待の権利確定日直前は優待目的の買いが殺到しやすく高値圏になりやすいため、前もってチャートをチェックすることで、安値で購入するのが好ましい。

権利確定日は銘柄によって異なり、例えばコ

ロワイド（7616）の場合は1年のうち、3月と9月が権利月となる。通常、権利確定日は月末となるため、その3日前（31日であれば28日）の権利付き最終日までに保有しておく必要がある。目安としては1カ月ほど余裕を見て買っておくといいだろう。

また、一番安く手に入るのが暴落時。2015年のチャイナショックや2016年のブレグジットなど、欲しい優待株を普段からチェックしておいて、暴落時に一気に下がったものを買うのもいいだろう。その場合は購入資金に充てるために資金を温存しておくのがよい。

☰ 高値掴みを避けて暴落時に買う

1️⃣ 権利確定日付近は高値になりがち

コロワイド（7616）日足　2019年1月～2020年1月

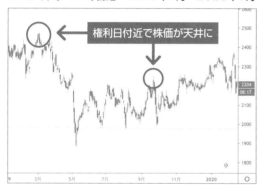

権利日付近で株価が天井に

2️⃣ 暴落時は買いのチャンス

日経平均株価　日足　2019年1月～12月

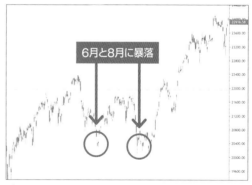

6月と8月に暴落

1年を通しておよそ2回ほど大きく全体相場が暴落するタイミングがある。こうしたタイミングで買えれば割安に目当ての銘柄を買える。

コロワイドの権利確定は
3月末日と9月末日。
この時期には
優待狙いの買いが殺到するため、
高値になりやすい

▶ 1カ月前までに買えば高値掴みは避けられる!

資金に余裕があって欲しい銘柄があればよいタイミング!

配当・優待

|| 権利確定日
株主名簿に名前が記載され、優待や配当の権利が得られる日

▶ 優待で得をする

014

優待の恩恵を倍加する方法

📊 信頼度高!!

▶ 家族名義の口座をつくって 適用単元を購入

家族名義の口座をつくり、それぞれ優待適用単元を持てば優待のメリットを倍化できる。多くの優待は、最低単元が最も還元率が高い。したがって4人家族の場合は4名分の口座を作り、個別で最低単元を買えば投資効率が高くなる。高配当の株、値動きが少ない、もしくは優待自体の株をNISA（ニーサ）に入れる。

NISAは投資金額年間120万円までなら非課税で口座が作ることができる。また、これは贈与の範囲であればグレーゾーンだが、家族名義の口座でも個人名義の口座に多額の入金をすると贈与税がかかる。証券口座は家族名義の口座

であっても、当人以外の人間が運用することは禁止されており、違反すると証券取引法違反となってしまうので注意。

☰ 証券口座を増やすメリット

1人で400株買った場合

商品券 5000円 + 商品券 2000円

最低単元を超えると優待のうまみが減る

4人で100株ずつ買った場合

商品券 5000円 ×4

最低単元が×4されるため効率が上がる

▶ 優待で得をする

015

株主優待限定の 非売品をもらう

📅 期間限定

タカラトミー（7867）などは、株主優待限定で特別仕様のトミカやリカちゃん人形などが、持ち株に応じてもらえる。ほかにもキャラクターのクオカードがもらえる東映アニメーション（4816）や、所属アーティストのオリジナルグッズやイベント招待があるアミューズ（4301）など、ファンなら嬉しい優待もある。

その他、アウトドアメーカーのスノーピーク（7816）やコマツ（6301）も限定品で有名!

▶ 優待で得をする

016

懇親会に抽選参加して お土産をゲット

イオン（8267）は1000株以上の保有で懇談会に参加できる権利がもらえる。参加は抽選であり、1000株所有のハードルもやや高い。しかし、PB新製品や試食、おみやげの商品券がもらえることもあり、参加希望者が非常に多くなかなか当たらないとことで知られている。全国各所で開かれ、イオンの理解を深めてもらうのが目的とされる。

懇談会は「人気がありすぎて何回も外れた」という声もあるほど、人気と満足度が高いみたい

4000円
OFF!!

1日
乗り放題!!

他の金券と
併用可!!

▶ 優待で得をする

017

交通系の優待はJALが一番割引率が高い

📅 **期間限定**

▶ 最低購入金額が低く 割引率が高いJAL

　交通系の優待はひとつ持っておくと便利。旅行や出張が多い人へのおすすめは国内線半額のJAL（日本航空）（9201）。100株以上で国内定期航空路線片道一区間50%割引券が1枚。100株の投資金額は19万956円前後となっている。また、ANA HD（9202）の優待も国内線の半額割引券。100株以上で1枚、200株以上で2枚贈呈。100株は24万7698円前後。ほかにもツアーやホテルの優待がある。ANAと比較してJALは最低購入金額が低く、その他の交通系（JRなど）と比較しても割引率が高い。

≡ ANAとJALの優待取得金額比較

ANA

国内全路線50%割引券
100株以上　　1枚

最低投資額 **24万7698円**

JAL

国内線50%割引券
100株以上　　1枚

最低投資額 **19万956円**

※ 投資額は2020年4月21日現在

▶ 優待で得をする

018

近鉄の優待は大阪～名古屋間を2往復できる

📊 **信頼度高!!**

▶ 近鉄の優待は区間 片道×4枚

近鉄GHD（9041）の優待内容は100株以上で区間片道×4枚。ただし特急に乗る場合は別に特急券の購入が必要となるので注意。加えて100株以上で沿線観光などの優待券（あべのハルカス展望台、生駒山上遊園地、志摩マリンランド、志摩マリンレジャー、志摩スペイン村、ゴルフ場、レンタカー、ロープウェイ、映画館、近鉄不動産、近鉄百貨店、レストラン、旅館、ホテルの割引券）が1冊もらえる。近鉄沿線のユーザーであれば効率的に優待を使うことができる。

≡ お得に鉄道旅行ができる!

近鉄グループHD参加の近畿日本鉄道のウェブサイト。中京～近畿圏の私鉄を運営している。

▶ 優待で得をする

019

優待券の返送で 別商品に変更できる

地域限定で展開する飲食チェーン店の会計時に利用できる優待の場合、近所にそのお店がないなどの理由から、優待を利用できない人もいるだろう。そのようなとき、連絡すれば優待内容を変更してくれる企業も多い。例えば、コロワイド（7616）はグループ店で利用できる1万円相当の優待ポイントをもらえるが、企業に連絡すれば、優待ポイントで各種ギフト商品を購入できる。また、送られてきた優待券を別商品に変更する場合、企業によっては優待券の返送費用を負担してくれることもある。

▶ 優待で得をする

020

吉野家の優待券は ほかの金券と併用できる

📅 **期間限定**

吉野家での会計時に、吉野家HD（9861）の優待券とジェフグルメカードの併用で支払うとお得に飲食できる。例えば、1050円の会計だった場合、300円分の優待券を3枚＋残りの150円分を500円分のジェフグルメカードで支払えば、350円分が現金で返ってくる。ジェフグルメカードはおつりを受け取ることのできるお食事券なので、金券ショップに売ってしまうより、自分で利用したほうがお得だ。

吉野家HDの優待券。ちなみに吉野家の優待券は、吉野家が配布する割引券とも併用できる。

優待の組み合わせで家電をお得に買う

📈 **信頼度高!!**

▶ 長期保有すると
さらにお得に!

　優待を使ってお得に家電を買いたい場合、目当ての大手家電量販店の子会社が優待を実施しているかも押さえておきたい。

　例えば、日本BS放送（9414、以下BS11）はビックカメラ（3048）の子会社のため、BS11の保有でもらえる優待券がビックカメラ各店舗でも使用できる。BS11は100株以上でビックカメラ商品券1000円分、1年以上の保有で1000円分が追加でもらえる。最低投資金額も10万前後（2020年4月21日時点）なので手が出しやすく、長期での保有に向いている。BS11の優待券はビックカメラの優待券と併用

できるため、資金に余裕があれば両方を保有するのもよい。また、コジマ（7513）もBS11と同様にビックカメラ系列であるため優待が併用できる。ただし、併用できるのは実店舗のみでビックカメラ.COMでは使用できない。

ビックカメラ子会社の日本BS放送のウェブサイト。

優待期限を伸ばしてポイントを貯める

📈 **信頼度高!!**

▶ 好きなタイミングで
食事券に変えられる

　ダイヤモンドダイニングHD（3073）はバリエーションに富んだ飲食店を運営している飲食事業。優待内容はグループ内の店舗で食事する際に使えるDD POINT（自社グループ独自のポイントサービス）もしくは株主優待券かお米が選べる。DD POINTを選択した場合、100株以上で6000ポイント、600株以上で1万2000ポイントもらえる。1ポイントは1円で家電やハワイ旅行などと交換もできる。

☰ 1度使えば使用期限が更新

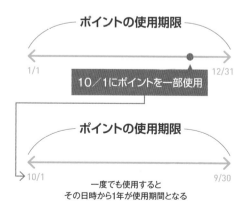

ポイントの使用期限

1/1 ──────────────● 12/31

10／1にポイントを一部使用

ポイントの使用期限

10/1 ────────────── 9/30

一度でも使用すると
その日時から1年が使用期間となる

▶優待で得をする

023

二重にポイントが付くビックカメラの優待

📈 **信頼度高!!**

▶楽天マーケットでの買い物でさらにお得に!

ビックカメラ（3048）は100株以上で年間3000円のお買い物優待券がもらえる。ほかに長期保有で買い物優待券がプラスされる。1年以上2年未満の継続保有で買い物券1枚、2年以上継続保有で2枚となる。ビックカメラ楽天市場店ならば、優待券を使用して購入した商品も楽天ポイントが付く買い物ができる。

楽天ポイントは1ポイント1円として使え、使える店舗も多く利用しやすい。また、楽天市場では頻繁に「ポイント10倍セール」などを行っており、タイミングを併せて利用できればよりお得にポイントを貯めることができる。

ビックカメラ楽天市場店のウェブページ。ポイント10倍キャンペーンなども頻繁に行われている。

021で紹介したテクニックも併せて使えばさらにお得に!

▶優待で得をする

024

クーポンと併用できる優待銘柄

📈 **信頼度高!!**

▶ぐるなび、ホットペッパーを使ってさらに割引

優待券とクーポンを使って食事代をよりお得にするテクニック。

ワタミ（7522）は、100株以上の保有で3000円の優待券がもらえる。優待券は一度に何枚でも使用でき、ぐるなびやホットペッパーグルメなどのサービスクーポンやキャンペーンと併用可能だ。「ミライザカ」や「三代目鳥メロ」、「TGIフライデーズ」などの系列店に足を運べる環境にあれば特にお得な優待銘柄である。

≡優待との併用でお得に!

優待券

100株保有で
年間 **6000円分**の **食事券**

＋

ぐるなびなどのクーポン（例）

3時間飲み放題
**牛タンしゃぶしゃぶ
コース** **500円割引**

運営店舗では併用ができるため
飲食代を安く抑えることができる

複数単元所有でもお得な銘柄

📈 **信頼度高!!**

▶ 100株ごとに優待額が増えていく

　株主優待は基本的に最低単元が最も優待額が多く、保有株数と反比例して投資効率が下がっていく傾向がある。しかし、保有株数に対する投資効率が下がらない優待も一部ではあるが存在する。例えばすかいらーくHD（3197）は1000株保有が最も効率がよく、100株保有で年間6000円相当に対して、1000株で6万9000円と優待額が増加していく。

　また、2017年2月に優待内容の変更でもらえるポイントが増加したダイヤモンドダイニング（3073）や、日本マクドナルドHD（2702）などがある。

☰ すかいらーくの例

優待食事券（12月のみ）

単位	優待内容
100株以上	3000円相当
300株以上	1万1000円相当
500株以上	1万8000円相当
1000株以上	3万6000円相当

優待食事券（6月のみ）

単位	優待内容
100株以上	3000円相当
300株以上	9000円相当
500株以上	1万5000円相当
1000株以上	3万3000円相当

出所：すかいらーくグループHPより編集部作成

長期保有で追加優待をもらえる銘柄がある

📈 **信頼度高!!**

▶ 長期優遇がある銘柄は株価上昇も見込めることがある

　投資家の長期保有は企業側に恩恵があるため、こうした投資家を優遇するために長期保有で優待金額が増える企業は多い。

　例えば、アマノ（6436）は100株以上の保有で新米2kgがもらえるが、継続保有期間が1年以上だと4kg、3年以上だと6kgの新米がもらえる。長瀬産業（8012）は100株保有で1500円相当の優待だが、長期保有することで3000円→5000円とグレードが上がっていく。また、タカラトミー（7867）は優待品と別に100株以上の保有で上限10万円以内の自社製品の購入がが割引になる制度を実施しており、

保有1年未満で10%、3年未満で30%、3年以上で最大40%まで割引額が増加していく。

　また、長期優遇を実施することで優待のお得度が上昇する場合に、変更から時間が経過していない銘柄であれば、内容が認知されることで株価上昇も見込める。日本モーゲージサービス（7192）は100株保有で3000円相当のクオカードがもらえるが、1年以上の保有でさらに4500円相当、3年以上の保有で9000円相当のカタログギフトの追加が発表され、直後に株価が900円から1300円台まで急騰した。

配当・優待

▶ 優待で得をする

優待で人間ドックをお得に行う

📈 信頼度高!!

▶ 医薬品も
優待で手に入る

　法人向けの福利厚生サービスを運営するバリューHR（6078）は、優待として自社サービスの「バリューカフェテリア」の年会費無料サービスと、各サービスで使えるポイントが付与される。

　100株以上1年未満保有で2500ポイントもらえ、1ポイントは1円として使える。このポイントを使って提携先のクリニックや病院で行う人間ドックや健康診断の割引に利用できる。また、ほかにもポイントを使って風邪薬や鼻炎薬などの医薬品も手に入れることも可能。

≡ いろいろ使える
バリューカフェテリア

バリューHRが運営するバリューカフェテリアの入会案内。健康からレジャーまで様々なサービスに対応している。

▶ 優待で得をする

使わない優待は現金化する

📈 信頼度高!!

▶ 事前に換金額をチェックしておこう!

　優待券には期限があったり、使わない優待商品をもらったりして大変なこともある。そんなときは「アクセスチケット」などの金券ショップや「ヤフオク」や「メルカリ」などオークションに出品してみよう。

　買取価格を事前に知りたい場合は「空飛ぶ株優.com」のように金券ショップの買い取り価格を比較できるサイトもあるので活用しよう。また、オークションに出品する際は「aucfan（※）」のように平均落札価格を見ることができるウェブサイトもある。

※　https://aucfan.com/

空飛ぶ株優.com（https://soratobu-kabuyu.com）のウェブページ。航空会社の株主優待を買い取りする金券ショップを表示している。

有効期限が近いものは買い取り価格が下がるので注意!

イオンは優待で株主専用ラウンジが使える

信頼度高!!

▶ オーナーズカード所有者のみが入室可能!

イオン（8267）では100株以上の保有でイオンオーナーズカード（株主優待カード）が届く。カード提示でラウンジが利用でき、コーヒーなどの飲食物のサービスが受けられる。ただしラウンジは全店舗に設置されてはいないので、サイトで確認しよう。

また、オーナーズカードは100株以上3%、500株以上4%、1000株以上5%、3000株以上7%と保有数に応じたキャッシュバックサービスや、割引を受けられるだけでなく、長期保有優待特典としてイオンギフトカードも贈呈される。また、2017年9月からはイオンシネマ

の優待が追加。映画料金がいつでも大人1000円になり、ポップコーンまたはドリンク引き換え券も無料でもらえる。

≡ ラウンジでゆったり休憩!

イオンラウンジの設置店舗一覧（https://www.aeon.co.jp/creditcard/merit/goldcard_lp/lounge.html）。

ネットオークションで高値が期待できる

信頼度高!!　　**期間限定**

▶ 極端に利回りが高い銘柄には要注意!

玩具、雑貨、カードゲームなどを中心に製造、販売するタカラトミー（7876）は、100株保有でトミカ2台、1000株でトミカ4台、2000株保有でトミカ4台とリカちゃん人形がもらえる。いずれも優待限定のオリジナル商品となっており、リカちゃん人形はネットオークションで8000〜9000円の高値で取引されることもあるため、お得だ。

また、100株の保有で10%割引、1年以上の保有で30%、3年以上の保有で40%で、自社通販サイトで商品を買うことができるため、商品をよく買う人にはうれしい割引だ。小さい子

どもがいるファミリー層にもおすすめの銘柄だ。

≡ ネットオークションで優待が取引されている例

ヤフオク! で「株主優待 タカラトミー」と検索した結果、タカラトミーの優待である玩具などが取引されている。1000円〜1万円を超える高値で取引されている商品もある。

配当・優待

Section.1

▶優待で得をする

031

優待券の価格は需給で大きく変わる

🗓 期間限定

▶類似の優待銘柄の評価が上がる可能性がある

　ゴルフ場を運営するPGM HDが上場廃止となり、ゴルフ場の株主優待を廃止した。その結果、需給が狂い、ほかのゴルフ優待のゴルフ・ドゥ（3032）とゴルフダイジェスト・オンライン（3319）のゴルフ優待券がオークションで高値になった。配当と優待利回りを足した総合利回りも急上昇し、両銘柄とも7%以上にまで達した。2020年2月現在も全銘柄の総合利回りの上位にこの2銘柄が入っている。

※ 現在ゴルフ・ドゥの優待内容は、ゴルフ用品の割引券などに変更している。

☰優待廃止銘柄が及ぼす需要の影響

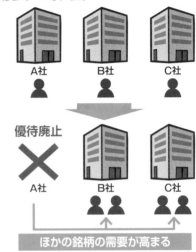

▶配当で得をする

032

配当利回りの高い企業の調べ方

📈 信頼度高!!

▶極端に利回りが高い銘柄には要注意!

　インカムゲインを重視する投資の場合、株を保有して得られる配当金が主な収入源となる。したがって配当金が多いに越したことはないが、一方、すでに配当利回りが極端に高い状態にある銘柄は将来的に値下がりリスクを抱えていることが多い。スクリーニングする際には配当利回りが3〜4%で業績が安定傾向にある銘柄を探して買うのがおすすめ。

　また、優待を出していて、換金性の高い金券などであればさらにお得度は高くなる。ヤフーファイナンスでは銘柄ごとに1株当たりの配当が掲載されており、1株当たりの配当÷現在株

価×100で配当利回りが計算できる。また、同サイトでは配当利回りの高い企業順にランキング形式でも掲載しているので、先に配当の数値からあたりをつけ、業績を分析してから投資する方法も可能。

☰証券サービスを使って手軽に確認

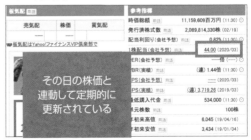

その日の株価と連動して定期的に更新されている

2
3
4
5
6

026

033

配当で株価が大幅に上昇する銘柄を見つける

📈 信頼度高!!

▶ 初配当·復配は
市場に好感されることが多い

　株式会社が獲得した利益を、株主に還元することがある。株主還元の強化は、市場に好感される傾向にあるため、初の配当発表は株価が上昇しやすい傾向がある。反対に業績が悪化した企業は配当の原資が捻出できなくなるため、配当を停止（無配）することがある。これは市場にとって悪材料となるため株価の下落要因になる。

　一方で一旦配当を停止していた企業の業績が好転し、利益が出せるようになると配当を復活させることがある（復配）。市場にとって好材料になるため、株価の押し上げ要因となる。

≡ 復配は好感されやすい

千趣会（8165）日足　2019年12月

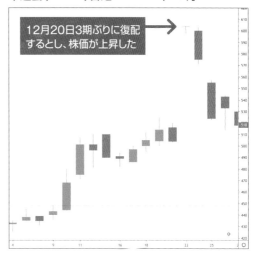

12月20日3期ぶりに復配するとし、株価が上昇した

034

株主総会出席で200杯分のコーヒーが送られる

📈 信頼度高!!

▶ 途中退席では
取得権利がもらえない!

　オフィスコーヒーサービス事業を展開するダイオーズ（4653）は株主総会に出席すると、議決権を行使できる100株を保有していれば、200杯分のコーヒーまたは緑茶をお土産として後日発送の形でもらうことができる。ただし、お土産は遅刻や途中退席ではもらえず、株主総会に最初から最後までいなければ取得権利が発生しない。

　一方、株主総会の開始時間を午後に設定するなど、個人投資家が参加しやすいように工夫されており、優待投資家や総会好きの投資家がこぞって参加している。また、ダイオーズは株主

優待も実施しており、自社の300株以上の保有で株主総会のお土産と同様の商品を100杯分もらえる。コーヒー好きには特におすすめできる銘柄。

≡ ダイオーズの株主優待

● **株主優待出席**
　➡ コーヒーまたは緑茶**200杯分**

● **300〜1000株の保有**
　➡ コーヒー**100杯分**

● **1000株以上の保有**
　➡ コーヒー**400杯分**

配当・優待

▶優待

035

暴落時の王道手法は「穴」を考慮する

▶有事の際には配当・優待が 廃止になる可能性も

　暴落時に有効な戦略として、株価の下落によって利回りが高くなった高配当銘柄や優待のある銘柄を買っていくという手法が有名だが、個人投資家のVさんはこうした手法の有効性は認めつつも、「穴」に注意すべきだという。穴というのは、有事の際にそもそもの配当や優待自体が廃止になる可能性がある、というリスクのことで、2020年3月時点ですでに居酒屋チェーンを展開する梅の花（7604）が2020年度の業績見通しが困難という理由で、4月末時点での株主に対して、株主優待券の廃止を発表している（※）。

　元々、高配当銘柄や優待銘柄などは下降相場

でも株価が維持されやすい傾向があるが、その根本的な要因である配当や優待が廃止になり前提が崩れる恐れがある、という最悪のケースを想定して、キャッシュリッチ企業から選ぶなど、戦略を建てたほうがよい。

暴落時には慌てずにあらゆる事態を想定するのが大事!

※ 100株以上保有でもらえる、会計が20%オフになる優待証は継続

▶優待で得をする

036

福利厚生系が利用できる優待銘柄を狙う

📅 期間限定

▶8万円前後の投資で サービスを利用できる

　福利厚生の優待を貰えるのは5社（2020年5月）。毎日コムネット（8908）は100株以上で会員制生活総合サポートサービス「ベネフィット・ステーション」の1年間の会員加入が受けられる。1年間会員特別割引価格で、ベネフィット・ワンが運営するサービスを利用できる。サービスは観光・スポーツ・娯楽・健康などさまざまなシーンで活用できるのがうれしい。100株の投資金額も8万円前後なのでお手頃。ほかにも、リログループ（8876）、ベネフィット・ワン（2412）、バリューHR（6078）、リソル（5261）などでも同様の福利厚生サー

ビスが利用できる。会社で福利厚生を受けていない人にはおすすめ。バリューHRとリソルは、金券としても使える。

≡毎日コムネットの 株主優待一覧

毎日コムネットのIRページから（https://www.maicom.co.jp/ir/ir_stockholders/)、どんな株主優待が利用できるかが一覧で確認できたり、検索できたりする。

Section.2

銘柄選択・売買

億超え投資家たちの銘柄選択や売買判断の基準を中心にテクニックを掲載。
定番のテクニックはもちろん、
ある特定業種・分野での売買判断の仕方も収録。

▶銘柄選び

037

かい離率ランキングで相場の過熱感を判断

📈 信頼度高!!

▶ かい離率は±30%を超えると 大きく反発する可能性が高くなる

順張り・逆張りどちらでも使えるテクニック。移動平均線と価格のかい離率や出来高のランキングを見ることで、売られすぎていたり・買われ過ぎている銘柄を探すことでトレンドを捉えたり、逆張りポジションをとる際に使うことができる。

順張り目線の場合、移動平均線かい離率(ほとんどが25日移動平均線)が大きいほど、上昇(売りの場合は下落)の勢いが高まっていると判断できる。また逆張りの場合は大きくかい

離している銘柄はいずれ調整が入るだろうという判断ができるため、ひとつの目安と考えることができる。

かい離率を調べるには自分でツールに入っているインジケーターを使うこともできるが、ヤフーファイナンスでは、前日にかい離率が高かった銘柄が一覧で掲載されている(下図参照)。

また、かい離率だけではなく、タイムリーにストップ高銘柄や、マザーズ・JASDAQなど市場ごとの各種ランキングなど反映されているので、それを見ながら市場の熱を判断することができる。

≡ かい離率は手軽に調べられる

1 かい離率とは?

かい離率のイメージ

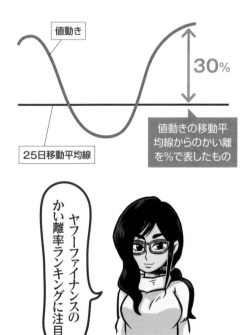

値動き

30%

25日移動平均線

値動きの移動平均線からのかい離を%で表したもの

ヤフーファイナンスのかい離率ランキングに注目

2 かい離率の調べ方

順位	コード	市場	名称	取引値		25日移動平均	かい離率	掲示板
1	32509	東証1部	(株)エー・ディー・ワークス第20回新株予約権	08/19	1	1.84	-50.96	掲示板
2	2334	マザーズ	(株)イオレ	12:52	1,471	2,580.32	-42.99	掲示板
3	9867	東証JQS	ソレキア(株)	12:40	8,990	14,581.20	-38.35	掲示板
4	3808	名古屋セ	(株)オウケイウェイヴ	12:33	703	1,112.00	-36.78	掲示板
5	7681	東証2部	(株)レオクラン	12:51	2,069	2,962.16	-30.15	掲示板
6	3649	東証1部	(株)ファインデックス	12:52	851	1,182.04	-28.01	掲示板
7	6092	マザーズ	(株)エンバイオ・ホールディングス	12:52	857	1,157.40	-25.95	掲示板
8	7057	東証JQS	(株)エヌ・シー・エヌ			1,212.76	-25.95	
9	9625	東証JQS	(株)セレスポ			3,269.24	-25.92	
10	9272	マザーズ	ブティックス(株)	12:40	2,534	3,409.44	-25.68	掲示板
11	6408	東証JQS	小倉クラッチ(株)	11:	3,815	5,107.20	-25.30	掲示板
12	2667	東証JQS	(株)イメージ ワン	12:52	517	690.44	-25.12	掲示板
13	6677	東証JQS	(株)エスケーエレクトロニクス	12:52	1,385	1,840.36	-24.74	掲示板
14	3660	東証1部	(株)アイスタイル	12:53	369	487.16	-24.25	掲示板
15	6194	東証1部	(株)アトラエ	12:53	2,786	3,663.80	-23.96	掲示板
16	3997	東証JQS	(株)トレードワークス	12:50	882	1,156.88	-23.76	掲示板
17	6580	マザーズ	(株)ライトアップ	12:38	1,105	1,427.08	-22.57	掲示板
18	3671	マザーズ	ソフトマックス(株)	12:51	778	1,002.72	-22.41	掲示板
19	4849	東証1部	エン・ジャパン(株)	12:53	3,475	4,475.00	-22.35	掲示板
20	9416	東証1部	(株)ビジョン	12:53	1,191	1,532.56	-22.29	掲示板
21	1382	東証JQS	(株)ホーブ	11:00	1,120	1,440.52	-22.25	掲示板
22	1400	東証JQG	ルーデン・ホールディングス(株)	12:51	207	266.24	-22.25	掲示板
23	7037	マザーズ	(株)テノ.ホールディングス	12:49	823	1,058.32	-22.24	掲示板
24	6577	マザーズ	(株)ベストワンドットコム	12:52	3,220	4,130.60	-22.05	掲示板
25	9768	東証1部	いであ(株)	12:52	1,999	2,563.52	-22.02	掲示板
26	1966	東証2部	(株)高田工業所	12:53	877	1,123.16	-21.92	掲示板
27	1446	東証1部	(株)キャンディル	12:51	688	880.80	-21.89	掲示板
28	4599	マザーズ	(株)ステムリム	12:53	668	854.64	-21.84	掲示板
29	6195	マザーズ	(株)ホープ	12:52	1,940	2,481.20	-21.81	掲示板
30	8783	東証JQS	GFA(株)	12:49	153	194.92	-21.51	掲示板
31	3920	東証1部	アイビーシー(株)	12:50	1,124	1,428.44	-21.31	掲示板
32	9271	マザーズ	(株)和心	12:40	721	914.60	-21.17	掲示板

ここをチェック!

ヤフーファイナンスの高かい離率ランキング(https://info.finance.yahoo.co.jp/ranking/?kd=20)。

かい離・出来高ランキング

かい離率や出来高をヤフーファイナンスなどではランキング形式で発表している

038

大株主の性質を参考に銘柄を選択する

📈 **信頼度高!!**

▶ ロットを抑えて バスケット買いをする

　テクニック039とも関連するが、暴落時にテーマ・セクターで買おうとしても、すでに市場で注目されて初動が終わってしまっていることも多い。そうした場合、さらなる買い上げがあるかどうかを判断するには大株主の性質も参考になると個人投資家のVさんはいう。株価が上昇したときに大株主が売ってきやすい銘柄は、そこから更なる買い上げは期待しづらい。その意味で、テーマ・セクターで取引銘柄を選ぶ際には、まず、過去の上昇時に大株主がそうした動きをしたことのある銘柄を調べよう。

　そしてひとつの銘柄に集中するよりも、買い上げが期待できる銘柄をロットを抑えてバスケット買いしていくとよいだろう。

📊 株価と大株主の動きの関係

任天堂（7974）の株価と、大株主であるステート・ストリート・バンク・ウエスト・トリーティの持ち株比率の動き

| 持ち株比率 1.17% | 持ち株比率 1.30% | 持ち株比率 1.33% | 持ち株比率 1.24% |

039

暴落時には時代に沿ったテーマ株を買う

📅 **期間限定**

▶ 資金が集中する 株を見極める

　暴落時に買い目線で相場を見ると、全体相場は下がっているが、「上がる銘柄や金融資産」が一定数存在する。それは、時代の風潮にあった商品やサービスを提供している企業の銘柄だ。全体相場が下がっている、つまり株式というリスクの高い資産からの引き上げが起こっている場合、業績というよりも、時代に沿ったテーマ株で勝負するのが最も勝率が高い。

　時代に沿ったテーマ株を探す際に重要なのは、「世の中がパニックになったときにお金が生まれる方向性を冷静に見る」ということだと、個人投資家のVさんはいう。コロナショックが新型ウイルスの発生と流行により引き起こされ、リーマンショックがリーマンブラザーズの経営破綻により引き起こされたように、暴落の原因とその影響は、毎度異なるだろう。だが、お金が生まれる方向性を冷静に見るという暴落時の対応は、どのような暴落でも有効だ。

　今回のコロナショックでは、マスクやテレワーク、巣籠り消費などが時代に沿ったテーマである。テーマやセクターの見極めを優先して行い、全体の下げに引きずられて一時的に株価が下がっても、そこからの戻りの早い銘柄を見つけられる可能性が高く、むしろ資金が集中して上がる可能性もある。暴落時には世の中の動きに惑わされずに、上がる株を見極めることが重要だ。

バスケット買い
多数の銘柄が入ったかごを1つの商品とみなし、売買する取引のこと。一般的には、15銘柄以上かつ1億円以上の大口取引となる

▶銘柄選び

040

人気の優待銘柄は利回りだけでなく業績も見る

📅 **期間限定**

▶ **株価が下がると
優待利回りが上がる**

株主優待は株価維持効果があり、特に利回りが高く「優待銘柄」として有名な銘柄などは、株価が下がるほど優待利回りが上がるため、それを狙って買いが入ることも多いとようこりんはいう。

例えば、減量ジムなどで有名なライザップグループ（2928）の株主優待は、自社商品である。所有している株の数に応じてポイントが付与され、カタログに掲載された商品とポイントを交換できるシステムだ。商品は、雑貨、美容関連商品、健康食品など。

2017年に1500円まで株価が上昇していたが、2020年4圧には100円台まで下落し、優待利回りは16％以上となった。ただし、単純に「利回りが高ければよい」というわけではなく、業績なども併せてしっかりと分析したうえで判断したい。

優待利回りだけでなくほかの要素も併せて判断しよう

☰人気優待銘柄の株価と優待利回り

RIZAPグループ（2928）　週足　2017年9月〜2020年4月

優待利回り
1.4%

優待利回り
16.66%

041

新興市場への投資はリスクオン時に

▶リスクオフでは 新興市場は上昇しづらい

世界市場の目線で見ると、景気が良好で地政学的なリスクなどが後退したタイミング（リスクオン）では、投資家がリスクを取る相場状況になるため、株式市場においてもボラティリティの高い新興市場にも資金が入ることで、新興銘柄の株価も上昇しやすくなる。

反対に金融危機や地政学リスクの高まりなどで世界の投資家の資金が米国債や日本国債などの安全資産に向かうと（リスクオフ）、株式市場から資金が抜けるため新興市場はなおさら株価が上昇しづらくなる。

目先の値動きを追うこともちろんだが、国債の価格などもチェックしたうえで「今がリスクオフかリスクオンか」という点を考えることが、個別株投資の利益にもつながる。

リスクオンか
リスクオフかを
考えよう

▶売買

042

一方通行の相場では 順張りがベスト

📈 信頼度高!!

近年、アルゴリズム取引の隆盛や、SNSなどでの情報伝達スピードが向上したことで、市場全体のスピードが加速し、相場の価格が上下どちらにも極端な動きになることが多くなった。よく「日本人は逆張りが好き」という通説を耳にするが、コロナショックも含めて、今後は相場が動いた方向に順張りする手法が強いと個人投資家のVさんはいう。

これはテーマやセクターに関してもあてはまり、コロナショックであれば、ウイルスによる被害が直接業務に影響しづらいIT業界に順張りするのがもっとも効率がよい。反対に安いという理由で営業への被害を受けやすいテーマに逆張りすると、そのまま下り続ける危険がある。

▶銘柄選び

043

分割上げを 狙いやすい銘柄の特徴

📈 信頼度高!!

株式分割はそれ自体が企業業績や価値の上昇につながるものではないが、個人投資家にとっては最低取引単位が下がり心理的に買いやすくなるため、上昇要因となりやすい。

東京証券取引所は、個人投資家が投資しやすい環境整備のため、望ましい最低売買単位として5万円以上50万円未満という水準を明示している。投資単位が50万円未満の上場会社は上場企業全体の92.1％（2018年10月1日時点）。ということは業績がよい新興株で50万円以上の最低売買単位の銘柄があれば、その銘柄は分割が期待できることから、こうした基準でスクリーニングするのも手だ。

ボラティリティ
価格変動の度合いを示す

▶ 銘柄選び

044

新高値・ストップ高は株探で探す

▶ ブレイク投資などの 銘柄選びに活用!

新高値ブレイク投資法でおなじみ、個人投資家のDUKE氏も使用しているテクニック。株式会社ミンカブ・ジ・インフォノイド（4436）が運営するウェブサービス「株探」では「本日の株価注意報」として、新高値/新安値更新やストップ高/安になった銘柄などを掲載している。ブレイクアウトを見て上昇銘柄を狙う手法では特に有効。

「株価注意報」ではさらに企業の簡単な情報やPER・PBRなども見ることができるので、より分析を深めることができる。

なお、このテクニックは下降トレンドでは通用しないため、注意しよう。

☰「株価注意報」で動きのある 銘柄検索

株探（https://kabutan.jp/warning/?mode=3_3）の「銘柄注意報」。ここでは年初来高値を更新した銘柄が表示されている。

▶ 銘柄選び

045

地合いがよいときは直近で大幅下げ銘柄に注目

▶ バーゲン価格の可能性大の 銘柄を見つける

相場全体が上昇しているときは、個別銘柄で割安なものが少なくなり、高値で買うリスクが大きくなりやすい。そのような時は、証券会社の値下がり率ランキングなどを見て、直近で大きく売られている銘柄に注目してみよう。中には市場が過剰に反応し、売られ過ぎている銘柄があるかもしれない。注目していた銘柄を割安に買える可能性もある。地合いがよければリバウンドにも期待できる。

ただし、材料の確認が必要。悪材料で売られている場合は注意だ。また、割安で買い、中期で保有する、リバウンドがひと段落した時に売るといった目的も明確にしておきたい。

☰ 値下がりチェックも簡単

株探の値下がり率ランキング（https://kabutan.jp/warning/?mode=2_2）。こうしたウェブサイトで売られすぎ銘柄を探すことができる。

ブレイク投資

停滞していた株価が急上昇し、上値抵抗線などのブレイクを基準に売買する投資手法

ネットを使って効率よく注目銘柄を見つける

📈 信頼度高!!

▶ツイッター・ブログ・コラムが銘柄探しの強力なツールに!

日々環境が変化する株相場では、ネットなどを使った情報収集も重要。速報性の高いツイッターでは実力者が買っている銘柄を知ることができる重要なツールだ。

例えば、億超え投資家のRING氏は持ち株や注目銘柄について頻繁にツイートしている。他にも実績のある個人投資家はたくさんいるので、彼らがどんな銘柄に注目しているのかチェックしていくとよいだろう。

彼らがその日注目しているのはテーマ株なのか、為替なのか、それとも別の情報なのかを取引前に見ておけば、その日の方向性と銘柄を判断する有力な手助けになる。

その他、個人投資家のブログ、情報量の豊富な四季報オンラインのコラム、ヤフーファイナンスの「読まれた記事ランキング」などが有力だ。四季報オンラインのコラムではテーマ株について取り上げられたり、ヤフーファイナンスの読まれた記事ランキングでそのテーマが扱われるなど、今後の相場にも影響が出てくる可能性が高い。

≡効率的な情報収集のやり方

1 億超えトレーダーの相場観を知る

億超えトレーダーの中には自分の相場観や注目材料を発信している人も多い。画像はRING@#Investor／Trader氏のツイッターアカウント。テクニック185も確認。

2 四季報オンラインのコラム

四季報オンラインではその時々で注目されるテーマなどを解説している。

RING氏以外にも情報を発信しているトレーダーは沢山いるよ!

▶銘柄選び

047

3000円手前の銘柄は買いが入りやすい

📊 **信頼度高!!**

▶呼び値が変わる2000円台と 3000円台に注目

　3000円や5000前後の銘柄を売買する際には呼び値が変わることを意識しておくことが大切だ。呼び値は注文時の値段の刻みのことで、株価によって何段階かに分かれている。通常銘柄の場合は、3000円以下が1円刻み、3000円超5000円以下が5円刻み、5000円超3万円以下が10円刻みとなっている。例えばある銘柄を3000円で買って1ティック動いた場合、下は2999円だが上は3005円になる。買い手としては1ティックあたりの効率がよくなるため、3000円以下で買いが入りやすくなるのだ。

呼び値の区分け

株価	呼び値の単位	
	通常銘柄	TOPIX 100銘柄
1000円以下	1円	0.1円
1000円超3000円以下	1円	0.5円
3000円超5000円以下	5円	1円
5000円超1万円以下	10円	1円
1万円超3万円以下	10円	5円
3万円超5万円以下	50円	10円

※TOPIX100銘柄は呼び値の単位が異なる

▶銘柄選び

048

新興株上昇時は3000円の 節目を利確の目安にする

　テクニック047でも紹介したとおり、3000円や5000円前後で呼び値が変わるため、価格上昇時の心理的目安とされやすい。そのため、特に新興銘柄などで、価格が急騰し3000円台に達した場合、その後の値動きがレンジ→下落になることが多いため、一旦の利確の目安としたほうがよい。

☰ Delta-Fly Pharma（4598）

2019年4月は順調に株価を上げつつも、2990円を頭に下落した。

▶銘柄選び

049

日経225の組み入れで 株価は動く

　日経平均株価（日経225銘柄）の組み入れは、企業の信用度の証明として見られる部分があり、株価上昇要因になる。また、日経平均株価と連動するファンドなどは新たに組み入れた銘柄を買うことになるため、買い需要が生まれ、短期的には株価が上昇しやすい。

　逆に、225銘柄から外れる銘柄は売り需要が生まれるため株価が下落しやすい。

☰ 組み入れで価格が動いた例

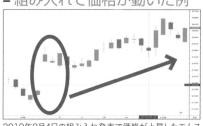

2019年9月4日の組み入れ発表で価格が上昇したエムスリー（2413）の日足チャート。

ティック

取引レートの1回1回の値動きを表す

銘柄選び

急騰銘柄の関連銘柄で連れ高を狙う

期間限定

▶ 2番手は値上がり率などの ランキングで検索

テーマ株へアプローチする際の方法のひとつ。話題の銘柄に乗り遅れた時に覚えておきたい。テーマ株などに資金が集まっている時は、注目されるきっかけをつくった主役の銘柄や、その分野で知名度・実績が高い銘柄がメインに買われやすい。同時に、出遅れや連れ高を狙って関連銘柄も買われる傾向がある。関連銘柄は、同じセクター内で値上がりしている銘柄や、値上がり率や出来高増加率のランキングを見ると探しやすい。証券会社や株関連のサイトでキーワード検索するのもいいだろう。ただし、関連銘柄すべてが買われるわけではない。テーマ株は短命で終わることがある点にも注意。

▤ 関連銘柄の探し方の例

みんなの株式（https://minkabu.jp/screening/theme）のスクリーニングサービス。好きなテーマを選べば関連する銘柄の情報を得ることができる。

銘柄選び

上昇銘柄は出来高が多いものを選ぶ

▶ 後半になるほど 高値掴みに注意!

順張りで買う銘柄を探すには、前日に大きく上昇した銘柄、ストップ高をつけた銘柄、新高値を更新した銘柄をチェックするとよい。

同時に、現在の株価が上昇トレンドのどの位置にあるか把握することも大切。例えばダウ理論では、トレンドは「初動をとらえた人の買い集め時期」「多くの投資家がフォローする時期」「初動で買った人の利確時期」の3つに分けられる。後半になるほど高値づかみのリスクが大きくなるため見極めが大事。また、上昇力は流入している資金量と比例しやすいため、出来高の増減も確認しておく必要がある。出来高が減りつつある場合は天井を警戒。

▤ 順張りで買う場合の3つの目安

さらに出来高が増えていると上昇力につながる

銘柄選択・売買

037

▶銘柄選び

052

来期予想から割高・割安を判断する

▶ 割安度を測る指標は　中長期の業績も踏まえて判断

　割安成長株に投資したい場合に覚えておきたいテクニック。長期で見る場合、PERなどでの比較は必要だが、バリューとして判断するには成長性も加味することが必要だ。PERは現在の株価と今期の利益を土台に算出されたものに過ぎないため、投資家が気にするべき、「将来の株価形成」までは示さない。

　例えば、新興市場の銘柄にPERが50倍以上のものが多いが、来期の利益予想が今期の5倍と予想されていれば、PERは現在の5分の1になる。ということは来期に現在の株価のままだとPERは10倍の割安銘柄になる。このように、業績や成長性も考えて投資すべき。逆にいえば、

現在PERが低くても、将来が不安であれば来年には割高になる可能性が高い。

企業の業績がよければ　来期も期待できる!

クリエイトレストランツHD（3387）の決算説明資料。企業側の来期業績予想が掲載されている。

▶銘柄選び

053

ボラティリティから思惑買いの銘柄を読む

　株は業績だけで買われるわけではなく「ヒット商品を出しそうだ」「これくらいの業績になるだろう」といった思惑によっても買われる。株価上昇中の銘柄を買う場合は、業績で買われているのか、思惑で買われているのかを見ることが大切。思惑で買われている銘柄の方が株価が急騰することが多く、ゲームやバイオ関連などがその一例といえるが、業績が伴わなかったときの下落も大きくなる点に注意が必要だ。

乗り遅れると高値掴みになりがちなので注意！

急騰銘柄は

▶売買

054

気になる銘柄はとりあえず打診買いしておく

　買いたい銘柄がある時は、一度にたくさん買うのではなく、資金を分けて何回か打診買いするとよいだろう。この方法は、地合いがよくなく、値動きが不安定なときや、反転したかどうか確信がもてず逆張りで買うときなどに有効だ。打診買いであれば損切りする際の損失が小さく収まる。株価が上昇した場合でも利益が得られる。さらに上昇が見込める場合は、残りの資金で買い増しするとよい。

テクニック076で紹介している暴落時の買いにも有効！

055

ETFは2つの組み合わせでリスクを抑える

▶日経連動型とダウ連動型を組み合わせる

　TOPIXや日経225などと連動し、全体相場を見て取引できるETFを買う場合は、米国の株価指数と連動するETFを空売りしておくとリスクが抑えられる。逆も然り。国内市場の指数と連動するETFを空売りしたり、インバース型のETFを買ったりする場合は、米国の株価指数と連動するETFを買うことによってリスクが抑えられる。米国と日本の市場は連動して動くことが多いため、買い目線の場合は、さらなる上昇が見込めるほうを買うのが基本。

　日米の株価の連動を意識して売買する投資家も多いため、売り買い両方のポジションをもつことでサヤ取りすることもできる。

日経平均株価とダウの相関

NYダウと日経平均株価の推移
2020年1月～2月

青が日経平均株価、赤がNYダウ。この場合は日経平均を買い、NYダウを売るのがセオリーとなる。

056

底値圏の小型株は安く寄り付いたときに買う

▶チャートが機能しやすい貸借銘柄

　小型株を狙った売買に使いたいテクニック。時価総額50億円程度の小型株（貸借銘柄）のなかで、株価が低迷していたり、業績が振るわない銘柄は、空売りが多く入っていることが多い。そのような銘柄は、仮に材料などが出て株価が上がりだしたときに、買い戻しによってさらに上昇力が増す可能性がある。底値付近で株価が横ばいの銘柄は、そこから大きく下落するリスクが小さいため、安く寄りついたときに打診買いしてみるのがひとつの手。また、信用買いのみができる銘柄と比べると、貸借銘柄は売り買い両方の注文が入るため、オシレーター系の指標が機能しやすいという特徴もある。

貸借区分の例
（2020年2月17日現在）

銘柄コード	銘柄名	上場グループ種別	売買単位	貸借区分
4437	gooddays HD	マザーズ	100	制度信用銘柄
7060	ギークス	マザーズ	100	制度信用銘柄
1451	KHC	第二部	100	制度信用銘柄
4435	カオナビ	マザーズ	100	制度信用銘柄
7673	ダイコー通産	第二部	100	制度信用銘柄
3189	ANAP	JASDAQ	100	貸借銘柄
9307	杉村倉庫	第二部	100	貸借銘柄
9417	スマートバリュー	第一部	100	貸借銘柄
2804	ブルドックソース	第二部	100	貸借銘柄
6753	シャープ	第一部	100	貸借銘柄

制度信用か貸借かは日本取引所グループのウェブサイト（https://www.jpx.co.jp/listing/others/margin/index.html）で検索ができる。

出所：日本取引所グループより編集部作成

貸借銘柄
証券金融会社からの資金調達と株券調達の両方が可能な銘柄

銘柄選択・売買

▶売買

057

一度盛り上がった銘柄は半年待つ

信頼度高!!

▶信用買いは期限が切れる半年後まで待つ

出来高を伴って急騰した銘柄は、その時に多くの信用買いが入っている可能性が高い。過熱感が収まって下落した時に、高値で買って塩漬けにしている人も多いほど、戻り売りの圧力が強くなる。そのため、再度上昇した時に買う場合や、リバウンド狙いで買う場合には、どれくらいの買い残があるか確認しておくことが大切。戻り売りを警戒する場合は、主に使われる制度信用による信用買いの返済期限である半年待ってから買うほうがよいだろう。チャートを振り返ると過去に出来高を伴って株価が上昇した時期が把握できる。

≡信用残高の調べ方

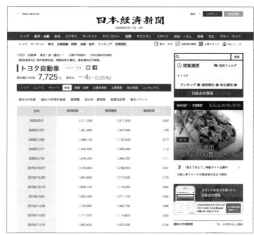

信用残高は証券会社や日経などで調べることができる。画像は日経（https://www.nikkei.com/nkd/company/history/trust/?scode=7203&ba=1)のトヨタ自動車の信用残高ページ。

▶売買

058

低位株は値動きが小さいときに仕込む

▶さっと買いさっと売るのが低位株の基本

短期でトレードする時に使いたいテクニック。必要投資金額が安い低位株は、1ティックあたりの値上がり率が大きく、短期トレード向きといえる。また、少し長めに保有する場合は、何らかの材料が出るなどして急騰する可能性を秘めているのも魅力。

ただし、基本的には業績が悪いことが多いため、好決算期待で買うのはリスクが大きい。市場の注目度が低く、株価が横ばいのときにコツコツ仕込み、吹いた時に売るのが基本だ。また、下落トレンドから反転していく銘柄は、高値で買って塩漬けしている人が多いかもしれない。価格帯別出来高で抵抗線となりそうなところを確認しておこう。

≡低位株の売買例

東海運（9380）週足　2019年5月〜9月

横ばいのときにコツコツ仕込む

吹いたら早めに利確

信用取引残
信用買いで入って決済されずに残っている状態を買い残という。逆に信用売りで入ってる状態を売り残という

アラート設定でこれから動く銘柄を知る

📊 信頼度高!!

▶勢いのある銘柄探しや 損切りにも有効!

このテクニックはヤフーファイナンスのスマートフォンアプリ（iOS、Android対応）のアラート機能を使うことで、利益確定や損切り、ポジションをロングかショートどちらにするかを判断するというもの。

例えば、ヤフーファイナンスアプリであれば「5%上下に動く」か、または「指定した値段に到達」すれば指定のメールにアラートが届くように設定できる。これにより、通常の注文であれば、一定の値動きに対して「指値」「逆指値」でしか対応できなかったものが、まずは株価の動きを知り、その上で出来高や板を見た上でポジションの判断ができるようになる。

例えば、100円で買おうと思って、100円の指値で注文したとしても、買い板が薄ければ100円以下でも売られ続ける可能性が高いと言える。そうであれば、100円以下になればアラートが鳴るように設定し、一旦ポジションを取る前に、100円になった時の板情報を見てから判断できるアラートが得策だ。その他、ポジションをとるかどうか決めかねている注目銘柄の値動きだけをチェックする、などアラートは重宝される機能だ。

☰アラート設定のやり方（例:ヤフーファイナンス）

1 メニュー画面の通知を選択

まずヤフーファイナンスのアプリを立ち上げる。メニュー画面を表示させたら、通知をタップ。

2 アラートを有効にする

株価アラートを選択し、通知を有効にするにチェックを入れる。

3 アラートさせる銘柄を有効化

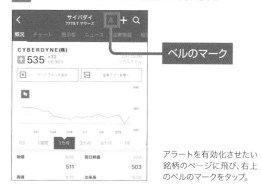

アラートを有効化させたい銘柄のページに飛び、右上のベルのマークをタップ。

4 条件を設定する

通知させたい条件や、数値の設定ができる。

値上がり率など、達した時点で知りたい数値に設定することができる。条件を満たした動きがあったとき、メールで知らせてくれる。

銘柄選択・売買

▶売買

060

値動きが大きいときは注文を分けて指値で買う

▶計画的ナンピンの利点

相場の変化に合わせて取引を行うテクニック。板が薄い銘柄はボラティリティが大きくなりやすい。市場の注目度が高く、短期売買が多い人気銘柄も、瞬間的に株価が大きく動く。そのような銘柄を複数単元買うときは、注文をいくつかに分けるとよいだろう。例えば平均1000円で20単元買いたいなら、1050円から950円くらいの間で5単元ずつに分けて指し値注文を出す（計画的ナンピン）。そうすることで、下がらなかった場合でも1050円でいくつか買うことができる。また、下がったときには950円で買えるため、平均取得単価が下がる。

計画的ナンピンのイメージ

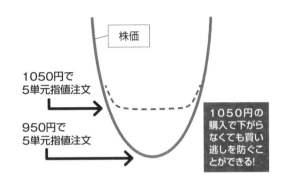

大きく値動きがある銘柄を
複数買う時に有効なテクニック

▶売買

061

VWAPでその日のトレンドを把握する

📈 信頼度高!!

▶VWAPの上で買い
下で売ってトレンドをフォロー

デイトレードやスキャルピングのような短期トレードに役立つテクニック。ザラ場中のトレンドを追う場合はVWAPを見てみよう。VWAPは出来高加重平均取引のことで、わかりやすくいうと日中の取引値を平均したもの。現在の株価がVWAPの上にあれば短期的にみて買い方優勢、下にある時は売り方優勢を表す。短期トレードではVWAPを見ながら取引している人も多く、機関投資家が売買する際の指標のひとつにもなっている。そのため、VWAPの上で買い、下で売ることで、その日のトレンドに乗った取引がしやすくなる。

VWAPのイメージ

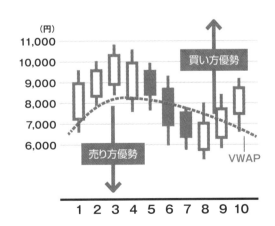

その日の大きなトレンドを知ることができる！

ナンピン
買った後に価格が下落したときに下値で買い増し、1株あたりの買い値を下げること

上値が重い・軽いで売買の方向性を変える

📈 信頼度高!!

▶基本は上値が見込めるものを買い、上値が重そうなものを売る

　セクターやテーマ株の関連銘柄に絞って売買する場合、買いと空売りを組み合わせてポートフォリオを組むと、セクター・テーマ株全体が下落したり、地合いが悪化した時のリスクを抑えられる。組み合わせ方としては、株価上昇の上値余地が大きい銘柄を買い、上値が重そうなものを空売りするのが基本。各銘柄のチャートを見て、直近高値や上値抵抗線となる価格帯までどれくらいあるか比べてみるとよいだろう。セクター内・関連銘柄の中で株価の牽引力がある主力銘柄がある場合は、その銘柄を買い、そのほかの弱い銘柄を空売りする方法もある。

☰「上値が重い状態」とは

前回高値やキリの良い数字など

100円

値動き

何度かトライしても越えられない

反対に上値が軽い銘柄では上昇に勢いがつきやすくなる傾向に

▶利確

一度に売らずに何回かに分けて利確する

📈 信頼度高!!

▶部分的に利益確定してリスクヘッジする

　利益確定の際に使えるテクニック。地合いがよくないときや、値動きが激しい銘柄などは、大きく上がったところで部分的に利益確定しておこう。一度に全部売ってしまうと、さらに上がったときに利益が得られない。逆に全く売らなければ、反落した時に含み益が減ってしまう。値動きが読みづらいときは、「上がる」「下がる」と決めてかかるのではなく、実際の値動きに合わせて柔軟に対応することが大切。細かくポジションを調整し、リスクを抑えよう。高値の抵抗が強く、想定以上に株価が下落した時は、安いところで攻めて買い直すのも手。

☰値動きに合わせてポジション調整

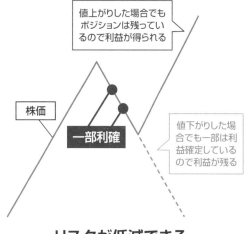

値上がりした場合でもポジションは残っているので利益が得られる

株価

一部利確

値下がりした場合でも一部は利益確定しているので利益が残る

リスクが低減できる

|| リスクヘッジ
相場や株価、為替の変動などの不確定要素のリスクに対応する打ち手

|| ポートフォリオ
保有している投資商品を資産ごとに分類することで、管理しやすくすることを指す

▶売買

064

先物は個別銘柄のヘッジとして使いやすい

📊 信頼度高!!

▶「まだ売りたくない…」 そういうときは先物をショート

　個別銘柄を保持しつつ、全体が調整局面のときには先物を売っておいてヘッジをかけておけば、個別銘柄を手放さずに値下がりリスクに対応できる。例えば、A社は業績もよく、調整局面の影響を受けにくい業種であれば、わざわざ売りたくないと思うもの。しかし、全体相場が調整に入り、その勢いに引きずられて売られていくリスクもあるため、含み益を減らしていきたくない場合には特に有効。日経平均先物など、市場全体を売りでポジションをもち、仮にA社も下がるようなことが起きても結果的に損失と先物の売りの利益が相殺されるかたちをつ

くっておけばリスクにも対応できる。貸借銘柄であればつなぎ売りなどの方法もあるが、新興市場銘柄の場合はつなぎ売りが出来ないため有効だ。

☰ 先物でヘッジのイメージ

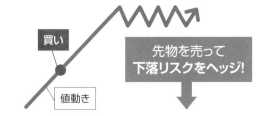

思惑通りに上昇
調整が入りそうだけれど
まだ売りたくないな…

買い

値動き

先物を売って
下落リスクをヘッジ!

▶売買

065

持ち株比率を調整してリスクを抑える

▶自分がどれだけのリスクを とっているかを把握

　このテクニックは資産管理、資産運用の考え方を示している。ポジションを取る際には、どの銘柄に自分の資産の何%を割いているのかを意識し、さらに何万円儲けた、何万円損した、何%の上昇を当てた、何%下落して外した、など個別銘柄の値動きの結果だけで判断していては全体的に自分の資産運用への効果を把握して運用できていないことになる。例えばA社が20%上昇して、10万買ってたから2万円儲けた、というのも、全体資産が1000万円であれば、たった1%しか投資せず、0.2%しか利益は出なかったと考えるべきである。全体運用の1%であれば、リスクのあるボラティリティの

ある銘柄に投資をし、20%で利確せずにもっと利益を伸ばす、または追加投資をして資産割合を増やす、などポートフォリオを考えた投資が可能。ひとつの銘柄の上下の動きだけを見ず、自分の資産全体の上下を見れるようになるのが大事といえる。

☰ 10万円投資する場合

全体資産 1000万円のAさん	資産 10万円のBさん
資産に占める割合は1%	資産に占める割合は100%
ボラティリティの高い銘柄でリターンを狙う	取引割合を減らすなどしてリスクを減らす

想定外の損失を防ぐには逆指値を使う

▶クローズは自動的に実行されるように設定

　人間はいざ損失が出だすと「今、注文すると損失が確定してしまうが、今後やっぱり伸びるかもしれない」「10万円の損も15万円の損も変わらない。マイナスが無くなるまでもっておこう」など、損切りするラインが変化する傾向がある。そこで現在の価格より下がった場合に指定した価格で決済される（売りの場合は現在の価格よりも上がった場合）「逆指値注文」を使って、買いの場合は下の価格に注文を出すことで、自動で損切りができるようにしておくと、冷静に取引できる。損切りラインは節目や移動平均線を通過など状況によって変更しよう。

≡自動的に損切りできるように注文

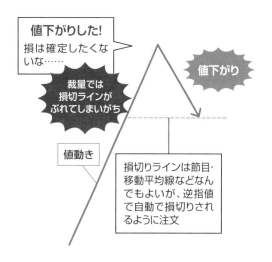

値下がりした!
損は確定したくないな……

裁量では損切ラインがぶれてしまいがち

値下がり

値動き

損切りラインは節目・移動平均線などなんでもよいが、逆指値で自動で損切りされるように注文

「地方」に注目して掘り出し銘柄を見つける

▶日本株の今後の狙い目は地方銘柄にアリ

　株の値動きというのは基本的に美人投票である。いくら業績がよい企業や、自己資本がたくさんある企業でも、投資家がその価値に気づかれなければ株価は動かない。そのような視点からすると、伊藤さんの日本株の今後の狙い目は「地方銘柄」にあるという。

　例えば、バスのチケット回収機器などを製造している小田原機器（7314）などは、コロナショック以降に注目され、数日で20％近く株価が上昇している。普段あまり注目はされないが、都市圏の銘柄から回収した資金の次の行き先として、ピックアップされると一気に価格が伸びるケースは今後増えてくると予想されるた

め、「地方銘柄・現金をもっている・業績がよい」という条件で調べておくと、掘り出し銘柄を見つけられるチャンスが増える。

コロナショックを機に普段は目を向けない銘柄も見てみよう!

▶利確　　　　　　　　　　　　　　　　　　　**068**

新興株と大型株で利益確定ポイントを変える

▶新興株は値動きが軽く 大きく上昇する可能性大

　利益確定をする際に覚えておきたいテクニック。

　新興市場銘柄が勢いづいたときには、利益確定を早めにせず、伸ばすのが大きく利益を出すポイント。

　株の世界では、10倍以上の値上がりをした銘柄を「テンバガー」と呼ぶが、これはパズドラを大ヒットさせたガンホーやモンストを大ヒットさせたmixiをきっかけに新興市場で多くの10倍銘柄が登場したからである。

　このような銘柄を売買する際は、安いところ

で仕込んでずっと持ち続けることは至難の技で、普通はある程度上昇したところの調整局面で「もう天井だろう」と売ってしまいがち。

　しかし、需給の安定した大型株であればそれでもいいが、新興銘柄は一度買いにトレンドができると、同方向によりエネルギーが注がれることが多く一旦押し目をつくってさらに踏み上げるケースが多い。

　その場合は、全部を利益確定せず、部分的に利益確定をし、下落が数日続いてはじめて利益確定をする、というのがよい。誰もが天井付近で売りたいと思うが、価格が極端に動くため非常に難易度が高くなるからだ。

☰ 新興銘柄が大きなトレンドに沿って上昇した例

多摩川HD（6863）日足　2018年12月～2020年2月

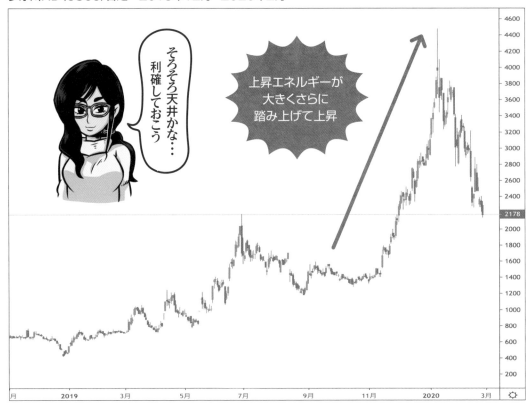

069

米株を視野に入れるとチャンスが広がる

📅 **期間限定**

▶米国株式市場が
つぶれる可能性は低い!

　国内株・海外株に拘らないのであれば、暴落時に一番買いたいのは米国株だと、投資家の伊藤さんはいう。

　そもそも米国は経済・金融のポジションで世界1位の国で、世界経済にとって重要な立ち位置。その視点から考えても、コロナウイルスという脅威で市場がなくなってしまうということは考えづらい。

　米国株式市場は制度上、ストップ高、ストップ安がなく、場合によっては1日に30～40%動くようなこともあり、その意味ではリスクはあるが、日本株と同じスクリーニングの基準(テ

クニック76参照)で買っていけるのであれば、より効率的に資金を増やすチャンスだという。

　とはいえ、暴落時に限っていえば、特殊な分析やニッチな業種・銘柄を探す必要はなく、普段使っているAmazon(AMZN)やコロナウイルスで直接打撃を受けているボーイング(BA)など、みんなが知っている銘柄の中で下げすぎている銘柄を選ぶだけでも十分な値幅が取れる。

英語に抵抗がなければ挑戦してみよう!

▶銘柄選択

070

Googleトレンドで
注目ワードを探す

　暴落時などは特定のテーマなどに資金が集中するため、世間や市場の注目がどのようなテーマに集まっているのかをいかに早く察知できるのかがカギになるが、その選定に役立つのが、「Googleトレンド」(※)だ。このサイトではGoogleの検索エンジンを通して世界中でどのようなトピックが注目を集めているのかを知ることができ、さらに個別のキーワードを入力すると、過去一定の期間で検索されたボリュームなどもグラフで確認できる。個人投資家のVさんもこのツールを活用しており、特にグラフの数値が上昇中のテーマに関しては、実際の取引でも順張りしたほうが利益につながることが多いという。

※ Googleトレンド(https://trends.google.co.jp/trends/?geo=JP)

▶売買

071

相場が急落したときに
買う目安をつくっておく

　大きな下げが続けば1部上場の大型銘柄であっても投げ売られてしまう。そのため、大きな下げは考え方によっては普段割高で買えないような優良銘柄を買えるチャンスでもある、とようこりんはいう。

　そのような状況では過去の安値や移動平均線などの支持線などを参考に「○○円まで下がったら買う」という明確な基準を持っておくと、目先の値動きに惑わされず買いに回ることができる。

　ただし、流れに対して逆張りにはなるため、損切り基準も明確にしておくなど対策は必要になる。

▶銘柄選び

072

四季報オンラインの有料会員は急騰銘柄を狙える

信頼度高!!

▶月額1100円で先取り情報を入手

開示情報、報道ニュースなどと並んで株価に影響を与える情報元として重要な四季報。紙版でも、定期購読すれば発売日前日に送付されるサービスを行っているため、年4回の四季報発売日には業績予想が修正された銘柄が急騰する「四季報相場」が起こることは知られている。

また、ウェブで閲覧できる「会社四季報オンライン」では、ベーシックプランと称された毎月1100円（税込）の有料版に登録すると、紙版の四季報発売前に一部注目銘柄を先にチェッ

クできる「四季報先取り超サプライズ！」サービスを提供している。

発表がザラ場のため、赤字予想から黒字予想などサプライズがある場合には、市場で反応が大きく、特にバイオ銘柄や小型の銘柄では急騰するものも多い。

また、プレミアムプラン（月額税込5500円）ではリアルタイムの株価、過去の四季報全編公開、プレミアム企業情報ページ、11種類の売買シグナルの表紙、株価のダウンロードができるサービスもある。

≡四季報オンラインのプラン

四季報 先取り 超 サプライズ！

速報⑥これが「秋号」のサプライズ銘柄だ！

毎営業日17時に先行公開

会社四季報オンライン編集部　　　　　　　　　　　　　　2017.09.04付

👍いいね！　🐦ツイート　📘ブックマーク　　　　🔗URLをメールで送る　🖨印刷

6165：パンチ工業（東証1部）

【特色】金型部品国内2位。中国は8000社の顧客基盤を持ちシェアトップ級。特注品製造に強み

【独自増額】国内は新車プロジェクトの貢献で、自動車向けが出足好調。半導体向け整頓。中国は自動車と半導体向けが続伸。好採算の食品・教科関連が国内外で想定超。品目ごとの主要分業で償却や人材投資増でこなす。前号より営業益増額、連続増配。

【拠点継承】新入社員と営業担当対象にアカデミーを今期開始。海外社員にも拡大意向。カタログ品生産のベトナム移管推進。

【業績】	売上高	営業利益	経常利益	純利益	1株益(円)	1株配(円)
連17.03	36,648	1,990	1,874	1,375	125.0	26
連18.03予	38,500	2,450	2,350	1,550	141.4	27
連19.03予	40,000	2,600	2,500	1,750	159.7	28
中16.09	17,846	841	791	549	49.7	13
中17.09予	19,100	1,310	1,300	830	75.7	13.5
会18.03予	38,000	2,200	2,100	1,400	(17.05.11発表)	

(前号予想と比較する)

ひと言コメント：8月30日に短期調整したが長い下ヒゲをつけて切り返し。同日は出来高も膨らんでおり、下値に強い押し目買い需要があることを確認。PER、PBRとも割安。

四季報の予想で株価が動く「四季報相場」が先取り公開により早く起こるようになった。

※1 ランキングの有料コンテンツ
※2 ニュースの主な有料コンテンツ
※3 株主優待情報
※4 株価ダウンロード機能

			ベーシックプラン	プレミアムプラン
株価			20分ディレイ	リアルタイム
四季報検索			○	○
トップ			○	○
スクリーニング			152項目150件まで	251項目300件まで
チャート			○	○
ランキング			△	○
マーケット			○	○
データ	大量保有速報検索		○	○
	大株主検索		×	○
	株主優待検索		○	○
	四季報アーカイブ		直近4号のみ	○
ニュース※			○	○
四季報先取り			○	○
見出し検索			○	○
登録銘柄	一覧		10グループ1000銘柄	20グループ2000銘柄
	チャート		○	○
	指標		○	○
	業績		○	○
	ニュース		○	○
個別銘柄ページ	四季報		○	○
	詳細情報	企業情報	△	○
		長期業績	△	○
		過去の四季報	直近4号のみ	○
		大株主	×	○
		株主優待	○	○
		時系列	△	○
株価ダウンロード			×	○
会社四季報株アプリ			○	○

出所：東洋経済新報社より編集部作成

※　△は一部の機能が制限されていることを表す

緊急時の四季報の使い方

📅 **期間限定**

▶ 会社の現金を計算して 時価総額と比較する

『会社四季報』はファンダメンタルを重要視する投資家に人気の雑誌である。ただ、2020年3月16日に発売された最新号は、コロナショックによる株価の変動や、それによる業績への影響はほとんど考慮されていないため、現在のような緊急時に、四季報の売りである「業績予想」はあまり参考にはならない。

急な価格変動時などのケースでは、「黒字の企業」を大前提とし「資産や負債」に関してのスクリーニングを行おう。実際に投資家の伊藤さんが行なっているスクリーニングは、まず、キャッシュフローの一番下に書いてある「現金

同等物」の数字に注目する。この現金同等物から有利子負債を引いた額が、実質的にその会社の現金（余力）（※）として捉えることができる。

そして、この余力を時価総額と比較する。その点で、伊藤さんは2020年3月号の四季報を見ると時価総額よりも余力の方が多い会社がたくさんあり、暴落が一度落ち着いた時点でそうした銘柄が尽く上昇しているという。

平常時はもちろん業績予想なども参考に四季報を活用すべきだが、相場が安定しない緊急時にはこうした使い方もできるということを知っておきたい。

※現金同等物−有利子負債＝現金（余力）。現金（余力）と時価総額を比較する

下げすぎな会社を狙って、安く拾う

📅 **期間限定**

▶ 株価が戻る可能性を 見出して買っていく

暴落は考え方を変えると普段買えない銘柄を安く拾うチャンス。その際、チェックするべき点は「暴落で直接影響を受けている銘柄」。

例えば、2020年のコロナショックでは、感染防止という観点からレンタル会議室を運営しているTKP（3479）の株価は2020年1月の高値4500円台から3月の950円台まで下落している。こうした業態は短期的には影響を受けるため株価の下落にも納得がいくが、一方で3〜5年後といった長期間にわたって影響を受け続ける可能性は少ない。今後テレワークが進むといっても、対面の会議やセミナーがなくなる

わけではないので、どこかで株価が戻る可能性も高い。そうした視点でシナリオを立て、下げすぎた銘柄を買っていくのも暴落時に考えうる投資の手段といえる。

この視点はJR東日本（9020）や私鉄などの鉄道銘柄や、JAL（9201）やANA HD（9202）などの航空機銘柄といった、倒産する確率が低い銘柄にも適用できる。

東日本旅客鉄道（9020）週足 2015年4月〜2020年4月

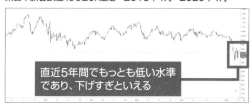

直近5年間でもっとも低い水準であり、下げすぎといえる

▶ 売買

075

暴落時の新興銘柄は決算持ち越しもアリ

📅 期間限定

▶ 株価の水準によって
持ち越し際の値動きが変わる

基本的に決算を挟んだ持ち越しは、値動きが荒れやすいためおすすめできない。特に新興銘柄の中でもすでに割高で「グロース株」と呼ばれる銘柄は、高値時に決算の内容がよいということが既に株価に織り込まれているため、決算で急落することもよく起こる。

ただし、コロナショックのような暴落時は少し話が異なり、新興銘柄に限っていえば、株価の下落にある程度業績の悪化が織り込まれているため、実際の決算で悪い業績が発表されても、市場には出尽くしと考えられて買われる銘柄が出ることがある。そのため、暴落と決算が

重なった場合は持ち越しで上昇を狙うという手もある。いずれにしても、現在の株価がどの水準かによって持ち越しの際の値動きが変わってくるため、それを常に意識しておくとチャンスに繋げやすくなる。

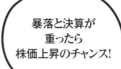

暴落と決算が
重なったら
株価上昇のチャンス!

▶ 銘柄選択

076

暴落後の相場は高配当・無借金銘柄が生き残る

📈 信頼度高!!

▶ スクリーニングの基準は
生き残る体力があるか否か

リーマンショックなど、過去の下降相場からの教訓として、株価の下落が長期間続いた場合、基本的にどんな業界であっても相場の影響は受けるため、体力のない企業は淘汰されていく。2020年のコロナショックは、原因が感染症であることから、どの程度影響が長続きするのかという予想は難しい。この状況で中長期の投資を行うには「今後生き残っていく体力のある企業」をスクリーニングの基準にするとよい。

具体的には「会社に現預金があるかどうか」という点を見よう。配当金は会社が稼いだ現預金から支払われるため、現預金が多い会社は配

当利回りが高い傾向にある。さらに負債（借金）が少ない（理想は無借金）という条件が整っていれば、企業の体力を示す大まかな指標になる。

☰ 生き残る会社の基準

会社に
現預金が
ある

配当利回り
が高い

負債が
少ない

|| グロース株
企業の業績や成長率がよく、上昇が期待できる株のこと

|| リーマンショック
2008年9月に米国の大手投資銀行・リーマンブラザーズの経営破たんをきっかけに、世界的な株価下落および金融危機に陥った

Section.3

相場・テクニカル

全体的な相場の見方、テクニカル判断のテクニックを掲載。
成功投資家がよく使う方法を中心にビギナーでも
できるやり方から玄人向けまで集めた。

▶チャートの見方

高値圏での乱高下はその後の下げに要注意

信頼度高!!

▶乱高下のあとには 大きな価格変動を想定する

過去大きな上昇相場が発生した際、その天井付近では価格が乱高下しやすく、その後の下げに注意すべきとようこりんはいう。

トレンドの中で連日陽線が続き、一度高値を付けたあとに大きく下げるようなケースでは、リバウンドを狙った投資家の買いや、その後の下落を狙った売り、高値圏で売りそこなった投資家の利確など、売買が入り混じることで乱高下するが、これらの売買がいったん整理されると大きな価格変動につながりやすい。実際、2019年11月〜2020年2月に高値圏で乱高下したあと、2月末には1万6000円代にまで下落している。

ただし、2013年5月に高値を付けたあと、2015年に再度上昇を始めるというようなケースもあるため、一概に「下落」というわけではないが、その後の大きな価格変動を想定しキャッシュポジションを高めるなどの備えをしておいたほうがよいだろう。

≡高値圏での乱高下のあと大幅下落した例

日経平均株価　日足　2019年1月〜2020年4月

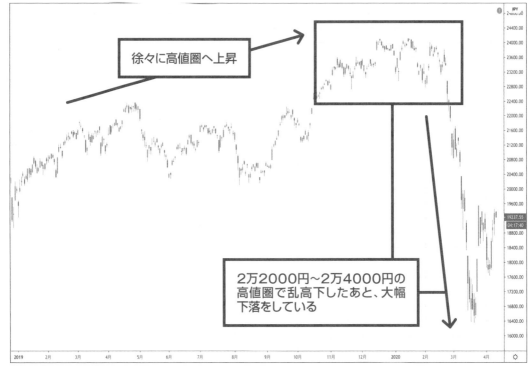

2019年、徐々に高値圏へと推移していた日経平均株価。12月末に中国・武漢で新型コロナウイルスが発生したと報道されたのを皮切りに、2020年1月末ごろまで中国を中心に新型コロナウイルスが流行していると報道される。その後、感染地域はアジアや欧米へと広がると同時に、人々の不安から株価の価格が乱高下。3月10日に大幅下落した。

ゴールデンクロスはクロスする向きに注目

📊 **信頼度高!!**

▶ 長期線と短期線が上向くと 移動平均線のクロスの信頼度アップ

　移動平均線テクニカル指標の中でもゴールデンクロス（GC）は強い買いサインのひとつ。現在の株価の方が、直近数日間または数週間の買値の平均（移動平均線・長期の移動平均線）よりも高くなったことを意味するため、買い方有利の状態を表し、株価上昇の弾みもつきやすくなる。ただし、長期の移動平均線が下向いているときのクロスは信頼度が低くなる。下落トレンドの途中で一時的に株価がリバウンドし、GCとなった可能性があるためだ。GCを見て買うのであれば、長い方の移動平均線が横向きか、上向きに変化する時を狙うのがよい。

三「上向き」は買いのチャンス!

ヤオコー（8279）日足　2019年7月～2020年4月

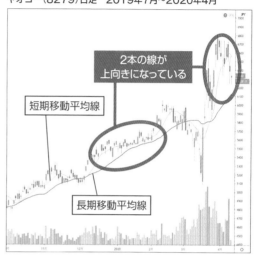

2本の線が上向きになっている

短期移動平均線

長期移動平均線

輸出企業は為替レート設定に注目

▶ 企業が毎年度設定する 「想定為替レート」をチェック

　個人投資家が銘柄選定を行う際にはもちろん業績も重要ではあるが、各企業の為替レート設定と実際のレートも参考にしておきたい。

　国外にも市場を持つ企業では、売り上げを円以外の通貨で出すため、これを業績として計上する場合、例えば米ドルから円への交換が必要になる。そのためそうした企業は業績の見通しや事業計画を立てるため、事業年度毎や各期で事前に「想定為替レート」を設定している。輸出企業の場合、仮に業績自体が良好でも、想定為替レートより円高が進むと交換の際に損が発生し（為替差損）、その分、収益が下がる。

　「為替は株と別物」とつい考えがちだが、自分の投資する銘柄や主要な輸出入企業の想定為替レートは押さえておきたい。

国外にも市場をもつ銘柄を保有しているなら為替のチェックもマストね

相場・テクニカル

▶チャートの見方

080

逆張りは反発を確認してから買う

▶逆張りでの続落リスクを抑えるには「待ち」が重要

　逆張りする際に押さえておきたいポイント。逆張りは順張りと比べてより大きな利益を狙えるが、その分リスクも大きくなる。トレンドに逆らって売買する手法であるため、続落（売り方の場合は踏み上げ）のリスクを抑えるには、できるだけ反転（空売りの場合は反落）の可能性が高いときを狙いたい。例えば逆張りで買う場合、長い下ひげをつけたときや、ダブルボトムとなったとき、直近の安値を割らなかったときなどは反転の可能性が見込める。チャートで底値となっている価格帯の出来高が多い場合も、さらに安くなる可能性が小さくなるため、逆張りのリスクを抑えることができる。

▤ 逆張りのタイミングの例

ゆうちょ銀行（7182）日足　2019年8月～2020年2月

長いヒゲ

ダブルボトム

▶チャートの見方

081

勢いある銘柄は窓埋めで逆張りを狙う

▶短期に調整することがあるため直近の窓付近に注目

　織り込まれていない材料が出たり、地合いが一転して良くなった時などは、株価が窓を空けてスタートすることがある。セオリーでは窓開けは買いだ。また、窓を空けて寄り付いた後に下落し、窓を閉めると陽線にかぶせるような陰線が発生。これをカブセ線といい、売りのサインになる。ただし、市場が注目している銘柄や、上昇の勢いがある銘柄などは、窓を閉めてから再度急騰していくこともある。人気銘柄やさらなる上昇が見込めそうな銘柄で、初動に乗り遅れた時などは、窓閉めからの反転を狙ってみたい。

▤ 窓開け・閉めの例

前田道路（1883）日足　2019年11月～2020年3月

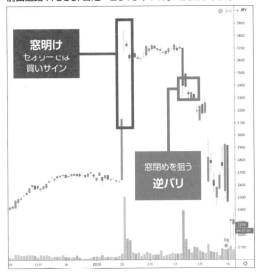

窓明け
セオリーでは
買いサイン

窓閉めを狙う
逆バリ

窓
前日の高値または安値を上放れて（下放れて）寄り付く状態

082

移動平均線かい離率で急騰銘柄の利益を確定

▶個別銘柄の過熱感を見るには 移動平均線かい離率が効果的

　株価は需給のバランスで動くため、好材料が出た時などに株価が割高な水準まで急騰したり、悪材料が出た時などに割安な水準まで売り込まれることがある。割安の時に買い、割高な時に買うという基本に照らせば、急騰・急落した銘柄の株価がどの水準にあるかを見ることが大切。移動平均線かい離率はそのために使える指標のひとつ。かい離率が急激に拡大した時は、いずれ需給バランスが正常化し、株価が適正な価格に戻ると考えて、急騰銘柄を利益確定するのも手。急落した銘柄を安く買うチャンスにもなり、リバウンド狙いで買うこともできる。

≡かい離率の見方

地域新聞社（2164）日足　2018年10月～2019年2月

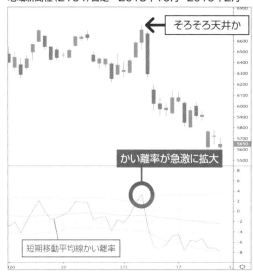

そろそろ天井か

かい離率が急激に拡大

短期移動平均線かい離率

相場・テクニカル

083

「売られ過ぎ」は騰落レシオで見る

📊 信頼度高!!

▶相場全体の過熱感は 騰落レシオが効果的

　騰落レシオは、値上がり銘柄数と値下がり銘柄数を割り算して求める指標。相場全体における買い方・売り方のバランスを見たり、トレンド転換を掴むきっかけになる。単位は％で、100％より大きい時は値上がり銘柄数が多く、買い方が強い状態。120％を超えると過熱感があり、相場下落に転じる可能性があるため、売りのタイミング。100％未満の時は値下がり銘柄数が多く、売り方が強い状態。80％を割り込んだ時は買いのタイミングと考えられている。安く買いたい銘柄がある場合は個別の銘柄を合わせて市場全体の騰落レシオを確認。大き

く下がったときを狙ってみよう。

≡騰落レシオは100を基準で見る

ニトリHD（9843）日足　2020年1月～2月

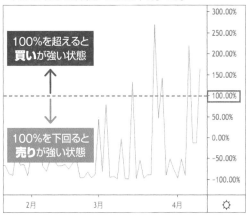

100％を超えると**買い**が強い状態

100％を下回ると**売り**が強い状態

▶ チャートの見方

084

多くの人が使う指標は信頼度UP!

📊 信頼度高!!

▶ 参考にしている人が多いほど 売買サイン通りに動きやすい

　テクニカル指標は種類が多く、投資家によって見ている指標も異なる。そのため、基本的には見ている人が多いメジャーな指標（移動平均線や出来高など）に注目するのが良いだろう。参考にしている人が多いほど、指標のサイン通りに売買する人が増えやすく、株価も売買サイン通りに動きやすい。つまりサインの信頼度が高くなるということだ。また、サインが多いほど信頼度も高まる。例えばゴールデンクロスだけを見て買うよりも、直近でダブルボトムをつけた、出来高が増えているといったサインが重なっている方がリスクが小さくなる。

三 複数の買いサインが出た例

バンダイナムコHD（7832）日足　2019年3月～2020年2月

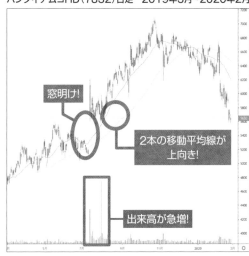

窓明け！

2本の移動平均線が上向き！

出来高が急増！

▶ チャートの見方

085

一目均衡表の雲中にある銘柄は様子見する

▶ 雲中は上下しやすいので 安易に売買しない

　一目均衡表から読み取れるサインには、基準線と株価のクロス、基準線と転換線のクロス、三役好転・三役逆転、雲抜けなどがある。その中でも雲は一目均衡表の代表的な存在。「未来」の支持線・抵抗線となる価格帯や、その強さ（雲の厚み）を表している点は他のテクニカル指標にはない特徴だ。売買のタイミングとしては、雲の上抜けで買い、下抜けで売り。その中でも、雲の中は支持・抵抗の押し合いが起きやすく、株価の行先も読みづらいため、リスクを抑えて売買するためには、上下どちらかに抜けるタイミングを待つのがいいだろう。そのタイミングを待つ投資家も多く、株価に勢いもつきやすい。

三 雲の中で押し合いしている例

ナブテスコ（6268）日足　2019年5月～2019年10月

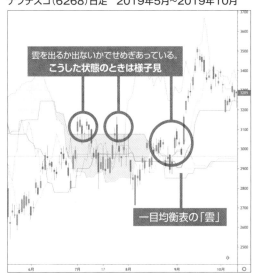

雲を出るか出ないかでせめぎあっている。こうした状態のときは様子見

一目均衡表の「雲」

テクニカル分析の信頼性は出来高に左右される

▶ダマシを小さくするには 大型銘柄などの取引を

テクニカル指標は、出来高が大きい銘柄ほど信頼度が高まる。

例えば出来高が少なく板が薄い銘柄は、大口の注文などによって株価が大きく動きやすい。そのため、株価の終値をとって計算する移動平均線なども上下にブレやすくなってしまう。

一方で、出来高が多い銘柄は、その分だけ指標を見る人が多く、売買サインにしたがって取引する人が多い。つまりサインの通りに株価が動きやすくなるわけだ。

この点を踏まえて、テクニカル指標を使う売買は、基本的には東証1部の大型銘柄などに向いているといえる。逆に出来高が少ない銘柄はダマシが多くなりやすい。

テクニカル指標を使う場合は、出来高・売買代金を確認してからの方が良いだろう。出来高の推移のほかに、約定された回数を示すTICK回数の増加もチェックしておきたい。

> その日の出来高ランキングはヤフーファイナンスなどで検索が可能!

☰出来高の多い銘柄の例

ソフトバンクG（9984）日足　2019年10月〜2020年2月

移動平均線も機能しやすくなっている

出来高のグラフ

約定回数もチェックしておこう

株探の約定回数ランキング（https://kabutan.jp/warning/?mode=2_9）。その日の約定回数の多い銘柄が掲載されている。

ソフトバンクGの場合、出来高は5000万株を超すこともある

相場・テクニカル

087

押し目買いは過去チャートの復習でうまくなる

▶過去のチャートから押し目買いできそうな反転ポイントを探す

「押し目（オシメ）が取れたら一人前」ともいわれるように、押し目買いは難しい技術のひとつ。基本は1／3押し、半値押し、2／3押しといわれるが、セオリー通りに反発するとは限らず、銘柄によっても値動きが異なる。チャート上では、移動平均線は支持線として機能しやすい。価格帯別出来高が多いところも押し目買いのポイントになる可能性がある。過去のチャートで押し目を付けた値幅も意識されやすいので復習しよう。ただし、基本的には逆張りで買うことになり、想定したポイントより大きく下がるリスクもあるため、買う際の資金調整と反発の見込みが外れた時の損切りも重要だ。

≡押し目の目安

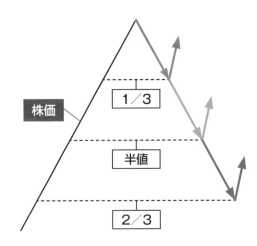

これらはあくまでセオリーの値動き。実際にはほかの要素も反発の要因になるので注意!

088

反転しやすい価格帯を把握する方法

▶逆張りの場合は長いヒゲに注目投資家の注目が集まる可能性あり

　値動きの幅をイメージするためには、価格帯別出来高が多いところも見ておくとよいだろう。現在の株価より下に出来高が多いところがあれば、そこが下値支持線となって株価が下げ止まる可能性がある。逆に、現在の株価より上に出来高が多いところがあると、その付近で買った人たちの売りが出て、上昇が止まったり、跳ね返される可能性がある。その2点を確認しておくと、買ってから下がった時の損失や、上昇した時に見込める利益が想定しやすくなる。上値の幅が小さく、利益が見込みづらい場合は、出来高が多い価格帯を上抜けてから買うのもひとつの手だ。

≡価格帯別出来高のポイント

ソフトバンクG（9984）日足　2019年1月~2020年2月

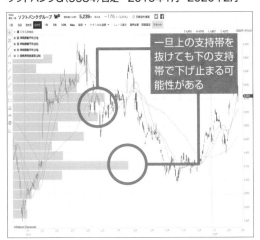

一旦上の支持帯を抜けても下の支持帯で下げ止まる可能性がある

「キリのよい価格」を抜けてから買う

信頼度高!!

▶キリのよい「節目」は注文数が多くなる傾向がある

買い時、または売り時を判断するのに使えるテクニック。

売買注文は、100円や150円といったキリがよい値段のところに集まりやすい。

また、注文数が多い節目の値段を上抜け・下抜けすると上昇・下落の勢いが増すことも多い。そのため、逆張りで買う場合は、下の節目にどれくらいの注文が入っているか確認しておくことが重要。買ってから値下がりしたとしても、節目に出ている注文が多ければ逃げやすくなる。

順張りで買う場合は、上の節目の売り注文数を確認。注文が多いほど、そこが天井となりやすく、上抜ける可能性も低くなるので節目の売り注文が買われ、上抜ければ勢いがつきやすくなるので買いで入るにはよいだろう。

売りで入る場合も同様、逆張りでは上の節目に入っている買い注文の量を確認。量が多ければ反発しやすくなるので、反発したタイミングで注文しよう。

順張りでは下の節目の買い注文を確認し、下抜けたタイミングで注文すれば勢いがつきやすくなる。

☰節目は値動きの転換点になる

1 天井になる場合

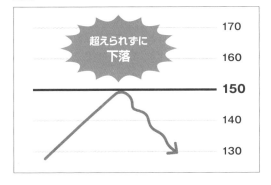

超えられずに下落

2 勢いが増す場合

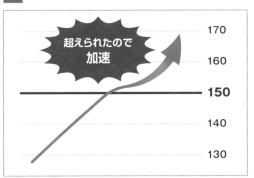

超えられたので加速

3 板情報も参考にしよう

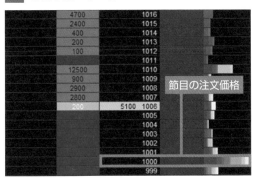

節目の注文価格

節目を抜けるまでは様子見してもOK!

Abalance（3856）の板情報。キリのよい1000円に出来高が集まっている。

▶ チャートの見方

090

「雲抜け」で相場の勢いを判断!!

▶ 雲中では上限が「抵抗線」 下限が「支持線」の可能性大

　雲を使う際に知っておきたいテクニック。一目均衡表では、雲抜けが強い売買のサインと考えられている。それは言い換えれば、雲を抜けるために大きなエネルギーが必要ということで、雲の上限が上値抵抗線、下限が下値支持線として機能しやすいということだ。その点を踏まえると、厚い雲は、2つの先行スパンで囲まれた一種のボックス相場と見ることができる。現在の株価が雲中にある場合、ボックス相場での立ち回り方と同じように、雲の上限で売り、下限で買うという売買ができるだろう。ただし、逆張りのリスクがあるため、雲を抜けた時の損切りを徹底することが大事だ。

▤ 逆張りで雲を使う場合

キーエンス（6861）日足　2020年1月～2月

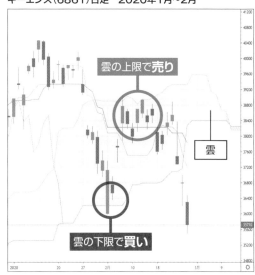

（図中）雲の上限で**売り**／雲の下限で**買い**／雲

▶ チャートの見方

091

成長性を加味して 割安度を測るPEGレシオ

信頼度高!!

　株価の割安度合いを見るのにはPERがメジャーな指標だが、業績成長がない企業なども一括りにされるため、割安と思って買っても株価が上がらず塩漬けになることもある。

　反対にPERが割高でも買われる企業もあり、安易に割安＝買い、割高＝売りと判断するのは危険。そんなときは複数の視点で割安度を分析するのもひとつの手だ。例えばPEGレシオはPERを業績成長率で割って算出する株価の割安さを判断する指標で、成長率も加味して銘柄の割安さを判断できる。

　一般的に1.5以上が割高、1.0以下が割安と認識されている。

▶ チャートの見方

092

株の方向性を知りたいなら ストキャスティクス

　地合いが悪く、株価の方向性が見えづらいときや、値動きの幅（ボラティリティ）が小さい時の短期売買では、比較的売買サインが出やすいストキャスティクスを使うのがいい。ストキャスティクスは株価への反応が良く、その分、移動平均線などと比べてダマシが多くなりやすいが、小さいサインを数多く出してくれる。スキャルピングやデイトレードのように細かくエントリーする時に使いやすい指標だ。

▤ ストキャスティクスは反応がよい

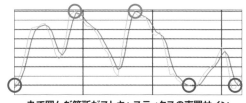

丸で囲んだ箇所がストキャスティクスの売買サイン。

093

小型株と日経平均の値動きを長期チャートで見る

📈 **信頼度高!!**

▶短期間ではなく
長期間でチャートを見る

　ようこりんによると、小型株の株価は日経平均株価に先行して動くという。ここで重要なのは、数カ月〜1年単位のチャートではなく、10年ほどの長期チャートで株価を見ること。たとえば、直近10年間の日経平均株価の長期チャートを見てみると、まだ上昇トレンドにあることがわかるが、ANAホールディングス（9202）の長期チャートを見ると、すでに移動平均線を超えて株価が下がっている。リーマンショック時も小型株が日経平均株価に先行して下がったと語るようこりん。株価を確認する際には、日経平均株価や持株だけでなく、必ず小型株も併せて見るようにしたい。

☰日経平均株価と
ANAの10年チャート

日経平均株価／ANA HD（9202）月足
2010年〜2020年

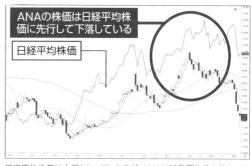

ANAの株価は日経平均株価に先行して下落している

日経平均株価

日経平均株価は上昇トレンドにあるが、ANAは移動平均線を超えて下降トレンドに入っていることがわかる。

094

移動平均線を大きく上抜けたときに買うポイント

▶株価と移動平均線の交錯は線の上下でどちらの足が長いか比べる

　ローソク足と移動平均線のゴールデンクロスは強い買いのサインだが、ちょうど交差した状態だと次にどちらに動くかわからない。そのまま上抜けることもあれば、跳ね返されることもある。そのような時は、移動平均線を境に上の方が長いか、下の方が長いかを比べてみるのがひとつの手。長い方に向けて株価が動くことが多く、上抜けている実体の方が長ければ上昇トレンドが生まれる可能性が高いことがわかる。また、移動平均線は直近で売買した人の損益分岐点として、損切りや、買い増し（売り増し）の目安にしている人も多いため、次に株価がどう動くかにも注目しておこう。

☰上抜けと反落のパターン

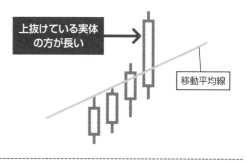

上抜けている実体の方が長い

移動平均線

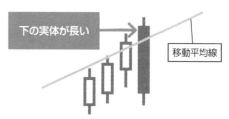

下の実体が長い

移動平均線

相場・テクニカル

095

一目均衡表の「三役好転」は信頼性が高い

▶一目均衡表の見方の中でも 信頼性の高さが光る

　複合的にチャートを見たいときは一目均衡表を使おう。一目均衡表は、ローソク足に対して「基準線」「転換線」「先行スパン1」「先行スパン2」「遅行スパン」の5つの線とひとつの雲で構成され、先行スパンのクロス、遅行スパンのローソク足抜け、雲の抵抗など個別に使うことができ、汎用性のあるテクニカル指標。その中でも方向性の強いサインとなる「三役好転」はトレンドを判断する信頼性の高いシグナル。一方で、日足では三役好転だが、週足ではサインなしなど、時間軸によって売買シグナルの出方は変化するので注意。

三役好転銘柄の調べ方

株探の銘柄探索機能 (https://kabutan.jp/tansaku/?mode=2_0427)。チャートに一目均衡表を表示させ調べる方法もあるが、こちらの方が一括で調べることができるのでおすすめだ。

096

埋められやすい「窓」分析を行おう

▶日足、週足など さまざまな期間で見よう

　相場に勢いがつくと、時折チャートに「窓」が発生する。

　日足レベルであれば個別銘柄や日経平均株価でもよく窓は空くが、日経平均株価の週足レベルでチャートを見ると、2019年は上方向の5回しかない。

　2019年10月の窓は2020年の2月下旬になって埋められたたように、基本的に開けた窓は埋められることが多く、「その傾向を踏まえて行動する市場参加者が多い」という点も考慮してチャート分析を行ったほうがよい、とようこりんはいう。

週足で見る窓の例

日経平均株価　週足　2019年7月〜2020年4月

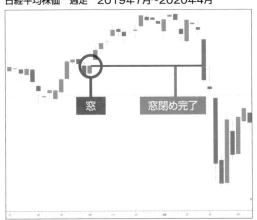

097

RSIはパラメータ変更でサインの頻度が変わる

▶ 逆張りに有効。パラメータ変更で さらに有効になる場合も

逆張りで有効なテクニック。RSIは、終値ベースで上昇変動と下落変動のどちらの勢いが強いかで相場の過熱感を計測するテクニカル指標。数値が20〜30％で「売られすぎ」、70〜80％で「買われすぎ」と判断ができる。それぞれ「売られすぎ」では買い、「買われすぎ」では売り、の逆張りサインとなる。一般的には使うパラメーターは14日だが、9日や25日も使われることがある。数値を小さくする場合にはRSIの振れ幅が大きくなり、サインの発生回数も多くなることから取引回数を増やすこともできるが、一方でダマシも多くなるので注意が必要だ。

≡サインの頻度の変化

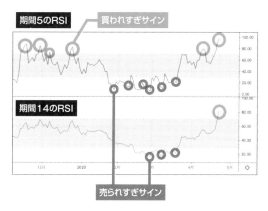

098

BBはレンジ・トレンドどちらも有効

▶ ±3σの突破は逆張り・順張りどちら でもサインになる

逆張りの指標として使われることが多いボリンジャーバンドだがトレンドの発生を分析するために使うこともできる。±3σを超えるような値動きは強い上昇・下落のサインと捉えることができるため、抜けた方向にエントリーする。しかし値動きは±3σを99.73％の確率で超えることはないので、戻す動きも活発になる。一旦様子見して、バンドウォークが確認できたら発生したトレンドに追従しつつ、±1σを割ったら利確するとよい。また、値動きの勢いは減るが±2σを超える動きも同様に上昇・下落のサインと捉えることができるので、売買回数を増やしたいのであればこちらを使おう。

≡順張り・逆張りの例

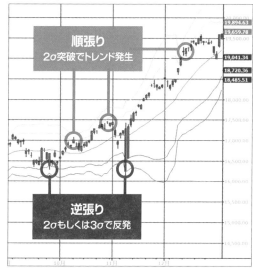

相場・テクニカル

バンドウォーク
ボリンジャーバンドの±2σまたは±3σに沿う値動き

▶チャートの見方

株価トレンドの判断に出来高を活用する

📈 **信頼度高!!**

▶トレンド継続の 判断する視点を増やす

　株価のトレンド継続を判断する際には出来高を活用しよう。基本的に株価が現在よりも上がる場合、出来高も併せて増えていく。

　例えば、上昇トレンド中に一時的に株価が下落した場合、出来高が拡大していなければ、その下がる動きを追って売る人が少ないと判断でき、上昇トレンドの中の押し目になることが多い。トレンドが継続するか天底になるかを判断する際に、ローソク足だけでなく出来高を組み合わせてみると、別の視点から判断することが可能になる。

① ② ❸ ④ ⑤ ⑥

☰出来高活用の例

ソニー（6758）週足　2019年1月〜12月

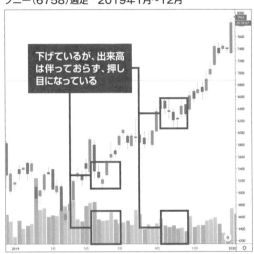

下げているが、出来高は伴っておらず、押し目になっている

▶株価の動向

信用取引残高をチェックして圧力を把握する

▶週に一度公表される 信用取引残高データ

　信用取引とは証券会社に資金を借りて、株式を買い建て（もしくは売り建て）を行うこと。このときの残高を「信用買い残（売り残）」と呼ぶ。

　短期的に見ると信用買い残が多い銘柄は買い需要の増加と捉えることができる。一方で制度信用取引は必ず6カ月以内に反対売買を行って決済しなければならないため、信用買い残が多いほど将来的には売りの圧力が増える、という見方もできる。

　信用取引残高のデータを見るには週に一度、各取引所が公表する「銘柄別信用取引残高」や、日本証券金融の「日証金貸借取引残高」などを確認しよう。

☰信用取引残高を確認しよう

日本証券金融の貸借取引情報（http://www.taisyaku.jp/）で日証金貸借取引残高が確認できる。

101

ダブルボトム・逆三尊ができたらチャート転換

📊 **信頼度高!!**

▶底値を判断する場合に 特に有効なチャート形状がある

　チャートの反転を示す強いサインとして、ダブルトップ、ダブルボトム、三尊、逆三尊がある。

　まず、ダブルトップ、三尊は相場の「天井」を示すチャートパターンだ。

　ダブルトップの場合は、2つの高値を付ける山はほぼ同値、または2つ目の山が最初の山より低い山となり、前回の高値を更新できないという事で上昇圧力の低下・上昇基調の変化を意味する。一方、三尊は最初の山の次の山が高値を更新するのだが、そこから失速し2つ目の谷を形成。もう一度高値を試すものの、2つ目の山を超えられず、そのまま下がることでヘッド（頭）とショルダー（両肩）が出来上がる。

　ダブルトップも三尊も「出来た谷（安値）」のラインが買い方勢力の抵抗線と考え、それを下回ったところから損切りなどが出やすいため、売りサインとなる。ダブルボトム、逆三尊はその逆だ。この保ち合いのチャートパターンは5分足、日足と様々な場面で見ることが出来るが、成功確率をより高める為には高値、または安値付近の出来高までチェックし、出来高が重しになっている場合は相当の確率で反転の兆しとなる。

☰チャート転換しやすい形状の例

1 ダブルトップ

売りサイン

日本郵政(6178)日足　2019年12月～2020年2月

2 ダブルボトム

買いサイン

ソニー(6758)日足　2019年9月～12月

3 三尊

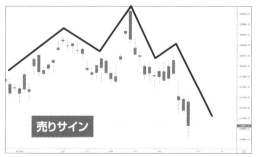

売りサイン

日本電信電話(9432)日足　2020年1月～2月

4 逆三尊

買いサイン

MS&ADインシュアランスGHD(8725)日足
2019年8月～10月

相場・テクニカル

▶チャートの見方

手仕舞いのタイミングを「つつみ足」で判断

▶相場が1方向に傾きやすい チャートの形

　このテクニックを使うと転換のサインを読み取ることができる。つつみ足は前日の陽線、陰線とは逆に当日のローソク足が前日の値幅を包む大陽線または大陰線の組み合わせのことをいう。つつみ足がなぜ上昇または下降のサインになるかというと、出現した大きな陽線（または陰線）が前日までの銘柄保有者からの売り、または買い戻しをすべてこなして新値をつけているため、方向が一方に傾きやすい状態と判断できるからだ。つつみ足は特に日足で意識される形状で、日足チャートの天井付近や底値付近で出現したときほど、転換のサインとなる。

☰チャート形状でスクリーニング

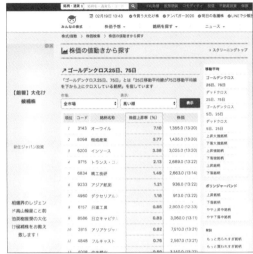

みんなの株式ではチャートの形状で検索をかけることができる（https://minkabu.jp/screening/technical）。複数の銘柄を同時に調べたいときに有効だ。

▶売買

優待3カ月前投資は全体相場を確認してから

📅 期間限定

▶多くの人が見ている移動平均線を 使って押し目・反発を分析

　近年、株主優待狙いの投資法もポピュラーになり、人気の優待銘柄は権利日付近に向けて株が上昇する傾向にあるため、「権利日の3カ月前に買っておく」投資法も雑誌などで紹介されているが、この手法が浸透したため、最近では3カ月より前に値上がりが始まる銘柄もある。ようこりんは、こうした状況を踏まえて優待取りを狙う際に、全体相場との関連性を重視している。全体相場が上げている際には3カ月より前から買いが入りやすく、反対に全体相場が下げていれば上昇が続きづらいので、権利日付近が安くなる傾向があるという。

全体相場も確認すれば権利日付近に安値で買えるチャンス！

ストップ高は安易に手を出さない

信頼度高!!

▶翌日の寄付き以降の様子見が必須

　株価が変動しすぎて投資家の財産が一気に消失してしまうのを防ぐために、株価には値幅制限が設けられている。この値幅制限の上限を「ストップ高」、下限を「ストップ安」といい、ストップ高になった銘柄は出来高が異常に高まることから「買いのチャンス」と思われがちだ。しかし、『株暴騰の法則』（スタンダーズ）で行った検証によると、過去26年間のストップ高になった銘柄を翌日の寄付きで買い、含み益が10%、もしくは含み損が10%になって売った場合、勝率が38.72%、平均損益が−1.46%の負け越しという結果になった。寄付きで反発する可能性も高く、仮にトレードする場合はストップ高をつけてもすぐ飛びつくのは避け、翌日以降の動向を様子見してから慎重に買うのが無難といえる。

▤ストップ高での検証結果

勝ち数;
15748

負け数;
24755

勝率　**38.88**%

平均損益　**−1.41**%

1990年3月1日～2017年5月31日の全上場銘柄で検証

出所:『株暴騰の法則』(スタンダーズ)

地合いが悪いときは時間軸を短めに設定

▶ホールド期間を細かくして暴落リスクに備える

　暴落リスクに備えたテクニック。2018年2月からの株価の下落トレンドが強い時は、下げ止まりのポイントや上昇反転の見通しが立てづらい。中長期の買いポジションを取ると、数ヶ月にわたる下落トレンドに巻き込まれる可能性があり、途中の一時的な下げに耐え切れなくなり手放すトレードになりがち。例えば普段は半年くらいで売買しているなら、数週間から1カ月くらいのスイングトレードを検討するといい。時間軸が短ければ事故・事件・地震といった突発的な出来事による暴落リスクも低くなる。現金比率を多めにしておけば、急落時に安く買うチャンスにもなる。

▤暴落時の見極め方

ソフトバンクG（9984）日足　2019年3月～8月

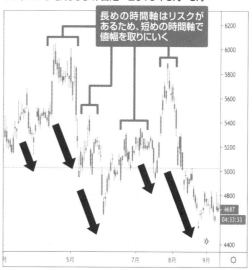

長めの時間軸はリスクがあるため、短めの時間軸で値幅を取りにいく

▶地合い

106

下落相場でVIXに連動するETFを買う

📅 **期間限定**

▶暴落をチャンスにするには VIXに着目する

下降相場では空売りが有効な手段ではあるが、現物株のみで取引する場合で、心情的に「下げで取る」がやりづらいのであれば、無理に空売りする必要はない。ただ、暴落時に相場にボラティリティがあるということには変わりないので、そうしたタイミングをチャンスにするためには、「VIX」に注目する。VIXは「Volatility Index」の略で、米国の株式指数であるS&P500をもとに、市場参加者の不安や恐怖を指数として表したもの。つまり、市場参加者が相場に対して不安や恐怖を感じると数値が上昇していくため、暴落時などは特に価格が変動する

指標。一般的には数値が「30以上で警戒」とされているが、2020年3月には80まで上昇した。

このように「暴落が起これば上昇する」という性質がある。ただし、VIXは指数なので、実際にトレードするときにはVIXに連動するETFである「国際のETF VIX短期先物指数（1522）」を買うことになる。

指数が上昇したら連動するETFを買おう

▶株価動向

107

先物の動きで株価の流れが読める

▶東証より先に始まる 先物相場の動きをチェック

日経225先物と日経225miniの取引時間（大阪取引所・日中セッション）は8時45分からスタート。15分ではあるが東証のザラ場よりも早く始まるため、その日の地合いや値動きの方向性を見る上で参考になる。当日の朝5時30分に閉まるナイトセッションの終値も併せて確認しておくとよい。先物が大きく値動きするなど日経平均株価との差が開いている場合は、その理由や背景を調べることも大切。基本的に日経平均株価などの指数は、先物との価格差を埋める動きをするため、日経225先物が大きく値上がりした場合は日経平均株価に寄与度が高い銘柄を取引するなどして対応しよう。

🏷取引開始時間の違い

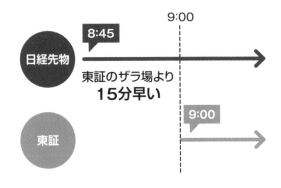

先物が大きく動くようであれば、その日の値動きの方向性がわかる

|| **ザラ場**
寄付から引けまでの取引時間

|| **ナイトセッション**
大阪取引所のデリバティブ商品に関する夜間立会のこと

海外の影響を受けづらいのは新興銘柄

📅 **期間限定**

▶ **1部市場が下がった時などに、新興株に資金が回ってくることも**

日本市場で取引される資金のほとんどは東証1部に集中している。

そのため、円高などによって1部の市況が振るわないときは、東証2部や、JASDAQ、マザーズなど新興市場に資金が回ってくることがある。東証1部は外需銘柄が多く、為替の値動きに影響を受けやすいのに対して、新興市場は影響を受けにくいともいえる。実際、2019年3月に日経平均株価が約2％ほど下落したが、JASDAQはほぼ影響を受けていない。これは、アメリカ、中国、アジアの株安を懸念したことが原因で下落した。

逆に、円安などによって1部の市況がよいときは、新興株が売られることもある。日本市場という点では1部もその他市場もひとくくりだが、同じように値動きするわけではないという点に注意。ただし、ブレグジットや2016年の米大統領選挙のときのように、世界的にリスクオフの動きが強まった際は、現金や金などに資金が移動するため、1部・新興といった区別なく全面的に売られやすい。

値動きの要因に注目し、単一市場か、市場全体のリスクオフなのか判断することが大切。

相場・テクニカル

☰ 日経平均株価とJASDAQが別の動きをした2019年10月の場合

日経平均株価・JASDAQ 日足 2019年7月～12月

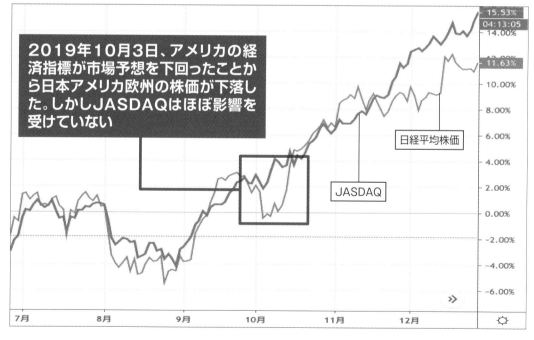

2019年10月3日、アメリカの経済指標が市場予想を下回ったことから日本アメリカ欧州の株価が下落した。しかしJASDAQはほぼ影響を受けていない

重要指標前は買いが入りづらい

📅 **期間限定**

▶ 値動きが不安定になりやすい タイミングは様子見

イベント前や重要指標の発表日前は様子見する人や手仕舞い売りが増えやすい。イベントとは、米大統領選挙などがわかりやすいが、大型連休や法案の提出、通過も市場に影響する。個別銘柄は四半期ごとの決算前に株価が不安定になりやすい。イベントの結果次第では大きな下落に巻き込まれることもあるため、リスク対策優先なら、ポジションを減らす、新規ポジションを取らない、空売りポジション・インバースETF・先物の売りポジションなどで買いポジ

ションのリスクヘッジをしておきたい。定期的なイベントとしては、毎月の米国雇用統計（第1金曜日）とSQ（第2金曜日）、FOMCの声明発表、3カ月ごとのメジャー SQ（3、6、9、12月の第2金曜日）がある。

> **知っておきたい！** 雇用統計、特に注目すべきは？
>
> 米国雇用統計はいくつかカテゴリ別で数値が発表されるが、そのうち「非農業部門雇用者数」が最も経済政策変更に影響を及ぼすとされているのでこの数値には特に注目しておこう。

覚えておきたい経済指標・イベント

これだけは押さえよう！

イベント名	開催日
米国雇用統計発表	毎月第1金曜日
FOMC声明発表	年8回
日銀金融政策発表	年8回
マイナーSQ	第2金曜日
メジャーSQ	3、6、9、12月の第2金曜日
国内総生産	年4回
日銀短観	年4回
景気動向指数	毎月
米国内総生産	年4回
中国PMI（製造業購買担当者景気指数）	毎月上旬
ユーロ圏失業率	毎月上旬

指標の直前はポジションを調整してリスクに備えよう！

その他の指標発表スケジュール

みんなの外為のウェブサイト（http://fx.minkabu.jp/indicators/calendar）ではこれから発表される経済指標のスケジュールを確認することができる。☆5つなど重要度が高いものは覚えておきたい。

貸借銘柄は相場の反発が期待できる

急騰した銘柄は、一度天井をつけて下落した後、切り返して再度上昇していくことがある。一度目の急騰に乗れなかった場合は、この反発のタイミングを狙ってみたい。その際にポイントといえるのが、貸借銘柄であること。空売りできる貸借銘柄は後に空売りの買い戻しがあるため、空売りできない銘柄（信用取引銘柄）よりも反発する可能性があり、反発したときの上昇力も強くなりやすい。

≡貸借銘柄の反発イメージ

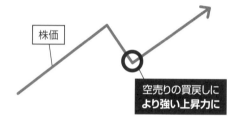

株価

空売りの買戻しにより強い上昇力に

テクニカルはシンプルなものを使う

それぞれの取引スタンスにもよるが、特に個別株に関しては為替などのほかの金融商品と比較してテクニカルが効きづらいため、あまり参考にしていないと投資家の伊藤さんはいう。

ただ、日経平均先物やレバレッジETFに関しては教科書通りの動きが出やすいので、テクニカル分析を参考にしている。ただ、その場合も使うのはローソク足の基本的な形状を見たり、移動平均線のゴールデンクロスなど、多くの人が意識しているポイントだけを見ていくという。

チャート上で複数のテクニカル指標を表示させて特殊な判断を行うような分析は、取引の根拠を複雑化させてしまい、再現性が薄れてしまう。資金管理さえきちんとできていれば、シンプルなテクニカル分析で十分利益につながる。

取引のルールはシンプルなものにする

信頼度高!!

▶値動きが激しいときは取引をしない選択肢も

勝てる投資家に共通しているのは、「手法は違えど、基本的な投資手法やルールは誰でもできるようなシンプルなもの」という点だ。ただ、こうした手法やルールを環境認識を通じて、目の前の値動きに振り回されずに淡々と実行できるか否かが、勝てない投資家との差になる。

2020年3月の日経平均株価の値動きは、コロナショックからのリバウンドを含めると、約7000円近くの値幅があった。そうした値動きを見ると、中長期のポジションを損切りし、デイトレードで損失の穴埋めというような行動を取りがちになってしまうが、その場の雰囲気で行うトレードこそもっとも損失につながりやすい。

もし、普段テクニカルを重視していて、値動きが大き過ぎてそれが通用しないのであれば、「値動きが落ち着くまで取引をしない」という選択肢も考えるべきだ。まずは自分の手法やルールが通用する環境なのかを見極めることがもっとも重要である。

相場・テクニカル

▶株価動向

113

強いトレンドは「パーフェクトオーダー」に注目

📊 信頼度高!!

▶短期、中期、長期の並びを覚えよう

　シンプルにトレンドを分析するのであれば「パーフェクトオーダー」に注目したい。これは3本の移動平均線の並びのことで、上昇トレンドでは上から短期移動平均線＞中期移動平均線＞長期移動平均線の状態になった事を指す。上昇トレンドでは直近の高値を抜けて上昇し、直近安値を下回らず、再度高値を抜けていくが、この株価推移を長期間続けていると移動平均線の順番はパーフェクトオーダーになる。つまり、その銘柄は強い株価トレンドが続いていることと意味し、その後も上昇する可能性が強く注目できるだろう。

☰パーフェクトオーダーの例

ウエルシア（3141）日足　2019年7月〜2019年12月

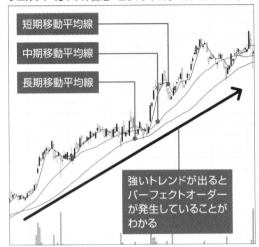

短期移動平均線
中期移動平均線
長期移動平均線

強いトレンドが出るとパーフェクトオーダーが発生していることがわかる

▶相場

114

相場の流れは「トレンドの始まり」を見る

▶自分のポジションは市場には全く反映されない

　相場の流れを見るときには「自分のもっている株価は市場には全く影響しない」と自覚しておこう。
　「現在値」をチェックするだけで、「自分が買ったところから何％上下したか」「何万円利益が出てるか」といった情報だけでは値段は測れない。自分が買った値段を基準とするのではなく、常に客観的な視点で「トレンドの始まりがどこか」「前回より高値か」など市場に反映される値を見たほうがよい。

☰トレンドの始まりを見る

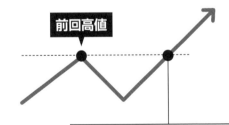

前回高値

自分が買った場所からどう値動きしているかではなく、前回高値を超えてからどう動いているのかを見よう

毎年10月はノーベル賞に注目する

📅 期間限定

毎年10月のノーベル賞の発表期間は日本人が受賞する可能性がある賞の関連銘柄が物色されやすい。注目されるのは物理学賞、化学賞、生理学・医学賞、文学賞で、セクターは、化学、医薬品、非鉄金属、電気機器などが物色対象となりやすい。文学賞については書店が注目される。また、受賞候補者が勤めている会社が上場企業の場合も、その企業の株が上昇しやすい。

2018年は抗がん剤「オプジーボ」を開発した小野薬品工業の株価が一時的に上昇した

暴落はチャンスと考える

米国の著名な投資家であるウォーレン・バフェットをはじめ、中長期で大きく資産を伸ばす投資家に共通するのは「暴落をチャンスにしている」という点である。

こうした相場は、特に2019年までのような上昇相場の間の数年間で投資を始めた初心者にとっては焦る状況ではある。しかし、インデックスファンドやETFを含め、高値から価格が落ち着いており、2019年の相場から考えると大幅に購入単価が下がっているため、むしろチャンスと捉えて適切な資金管理を行いつつ目当ての銘柄を買っていきたい。当然、下降相場の途中で入る場合、そこからさらに下げて2番底をつくる可能性もあるが、ドルコスト平均法を使えば購入単価をならすことができるため、こうした下落相場こそ有効になる。

相場・テクニカル

年足チャートで大きな流れをとらえる

📈 信頼度高!!

▶全体像を頭に入れてチャートを見よう

どのような投資スタイルでも、より大きな流れで相場を俯瞰することが相場観を養う上で重要だとようこりんはいう。そのために効果的なのが普段使っているチャートの時間軸を大きなものにしてみるという方法だ。比較的時間軸が大きな日足であっても、画面上に表示できるのは過去10年分が限度。日経平均株価は2009年から見ると上昇を続けているが、チャートを年足（※）に切り替えると、1989年に付けた高値3万8957円から2008年の安値6994円までの下落幅からようやく半値戻した状態ということがわかる。短い時間軸で「上げすぎ、下げす

ぎ」と判断する前に、一度時間軸を大きくして俯瞰して見るとより客観的に判断するための手助けになる。

※1年間の値動きを1本のローソク足で示したチャートのこと

▤ 日経平均株価の年足チャート

日経平均株価　年足　1980年～2020年

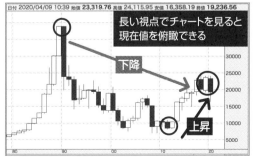
長い視点でチャートを見ると現在値を俯瞰できる

ドルコスト平均法

金融商品の購入日を決め、その日に一定金額づつ買い付ける投資手法のこと。購入価格が一定化し、結果的に平均取得価格が割安となるため、長期投資に向いている

▶地合い

118

悪い地合いでは直近で急騰した銘柄を空売り

📊 信頼度高!!

▶地合いが良くない時は、売買両方の目線でチャンスを探す

　地合いが良くない時は空売りでのエントリーを検討したい。その際に着目したいのが直近で急上昇していたり、移動平均線からのかい離率が大きい銘柄。上値抵抗線に近いもの、出来高がありつつも上昇力が弱まっているものも、利益確定の売りが出やすく、空売りに向いているといえる。その時々の地合いの良し悪しに合わせて、柔軟に買い目線・売り目線を切り替えることが大切だ。ただし、上値抵抗線を抜けて上がっている銘柄など、上昇力が強い銘柄はリスクが大きいので避けるのが無難。

≡ 地合いのよくない期間の対処法

日経平均株価　日足　2020年1月〜2月

空売り向けの銘柄の条件
- 急上昇、かい離率が高い
- 上値抵抗線が近い
- 上昇力が弱まっている

① ② ③ ④ ⑤ ⑥

▶株価動向

119

外資系証券会社が空売りしている銘柄に乗る

▶空売り銘柄には特徴的な値動きも

　空売りでエントリーする場合は、証券会社（主に外資系）の動向を確認しておこう。そもそも日本の株式市場は外国人プレーヤーが多く、彼らが投じる資金によって株価も影響を受けやすい。売買代金が比較的少ない新興市場の銘柄はさらに影響が大きくなる。銘柄の探し方としては、高値をつけてから急落しているもの、同じ価格帯で何度も反落しているものに注目してみるとよいだろう。ゲームやバイオ株のように思惑で急騰しやすい銘柄も見ておきたい。銘柄名と空売りで検索すれば、どの証券会社がどれくらい空売りしているか把握できる。

≡ 空売り状況の調べ方

❶ インターネット検索で「○○（企業名）　空売り　誰」と入力すると情報が得られる

karauri.netのウェブサイト
(http://karauri.net/)

❷ JPXのウェブサイトで「マーケット情報」→「公衆縦覧書類」をクリックすると「空売りの残高に関する情報」を見ることができる

JPXのウェブサイト(http://www.jpx.co.jp/markets/public/short-selling/index.html)

暴落局面では小型株はリバウンドしやすい

📊 信頼度高!!　☠ リスク大!!　📅 期間限定

▶リバウンド局面で勝手に戻る銘柄を探す

　暴落時に個別株のリバウンドを取りにいく場合、「かい離率」を見て買っていく方法もある。

　例えば、エアトリ（6191）のようにコロナショックで直接打撃があり、大きく下げ、移動平均線かい離率が極端に大きくなった後、業界的にすぐに回復の見込みがないにも関わらず、全体相場がリバウンドする際に連続ストップ高になっている。このことから、かい離率の高すぎる銘柄の中で特に小型株や、新興市場銘柄はリバウンド局面で勝手に戻る傾向があり、この傾向は過去の暴落時で検証しても当てはまると個人投資家のVさんはいう。この性質を利用し、

暴落時にはかい離率ランキングを参照して、かい離がマイナス方向に大きい小型株、新興株を買っていくというのはひとつの手だろう。

𝌆 小型株がリバウンドした例

エアトリ（6191）日足　2020年1月1日〜4月8日

3月26日
リバウンドし、ストップ高に

移動平均線かい離率

かい離率がマイナス方向に大きくなっている

円高時にはニトリなど輸入銘柄で取引

📅 期間限定

▶活発になる内需銘柄を狙って取引する

　このテクニックは円高のときに日経平均全体が下がるなか、輸入関連銘柄を買い、利益を出すもの。日経平均採用銘柄の多くは輸出企業やグローバル展開を進めて海外売上の多い企業が多いため、円安の方が日本円に換算した売上・利益共に上昇することになる。そうすると、逆に円高であればそれらの企業は減損傾向になるのだが、原材料を輸入品で製品を作成するニトリ（9843）、輸入牛肉の仕入れ値が下がる吉野家（9861）、インテリアの輸入を行うサンワカンパニー（3187）などのような企業は円高に強い銘柄といえる。

𝌆 為替とニトリの値動きの相関性

米ドル／円　ニトリHD（9843）日足
2019年2月17日〜4月10日

円高時に反対の動きをしている

相場・テクニカル

▶株価動向

相場の急変時は前例から支持線の目星をつける

▶感染症の前例から株価の下落率を推測する

世界の金融市場でもっとも影響力の強いプレーヤーである機関投資家は、イレギュラーな事態が起こった際に「前例」を参照する傾向があると投資家の伊藤さんはいう。例えば、2020年1月頃の日経平均株価では、23000円付近が心理的なサポートとして一時的に機能したが、2月に入って状況が深刻化。23000円のサポートを割って以降は、ここ数年で意識されていたサポートラインが機能しない状況に陥り、相場のパニックが加速した。

2020年のコロナショック最大の原因は「世界的なウイルスの流行」であるが、前例として1918年にスペイン風邪が大流行した際、1914年〜1918年の第一次世界大戦の影響もあり、ダウ平均株価が3〜4割程度調整したことが挙げられる。この視点で見ると、2020年2月時点での日経平均株価の高値2万4000円から1／3の調整となると、おおむね1万6000〜7000円台が妥当となり、実際にその付近で安値をつけている。

何かの事態が起こった際に、前例を参照しておおよその価格を予測することは、次の暴落時への教訓とすることができるだろう。また、その意味では何か大きな原因によって相場が動くとき「約3割」が下落の目安になる。

感染症が流行したときの株価の比較

スペイン風邪流行時
ダウ平均株価　週足　1916年〜1920年

110ドル
77ドル

スペイン風邪が流行した1918年の株価は、1916年の高値より3割程度低い水準となっている

新型コロナウイルス流行時
日経平均株価　週足　2019年11月〜2020年4月

今回の暴落にあてはめる

2万4000円
1万6800円

感染症流行時には3割程度の下落が目安となり、実際に高値の2万4000円から1万6000円台まで下落していることがわかる

投げ売りのときに現金をもっておく

🗓 期間限定

▶投げ売り後に淡々と買っていく

暴落などの下降時に相場参加する際、頭に入れておかなければならないもっとも基本的な考え方が「大底まで現金を残しておく」ということ。下降の初動で大きく下げると、普段の感覚からどの株もバーゲンセールのように思えるが、安易に買っていくと2番底に向かう動きに巻き込まれて損切りを余儀なくされ、大底で買う資金をなくしては元も子もない。

一般的に上昇相場と比較して下降相場は値動きのスピードが早い。とはいえ、リーマンショック後の株価の下降などを見ても、天井から大底まで少なくとも半年はかかっている。

中長期投資で重要なのは、本格的に投げ売りされ終わった後に、淡々と買っていくこと。下降の初動でリバウンドを狙って買うのもよいが、ロット数を下げるなどして、大底で買うための資金は確保しておきたい。

📊大底で買うイメージ

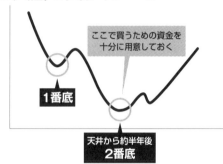

▶株価動向

極端に上下する相場では見るランキングに注意する

▶暴落後のもみ合い時には値上がり率ランキングが有効

コロナショックをはじめ、価格が極端に上下するような相場では、ファンダメンタルよりも思惑で値動きが加速するため、上がるときも下がるときも値動きが単調になりがち。こうした相場では、値上がり（値下がり）率ランキングなどにおいて、個別株よりもWインバースなどのETF系が上位にランクインする。そのため、ランキングを参考にして個別株を取引してもあまり旨味がないと個人投資家のVさんはいう。

逆に暴落が発生してからリバウンドがあり、価格が少し揉み合いになるような相場では、値上がり（値下がり）率ランキングを見て、商いが盛んな銘柄を短期で取引する手法も通用する

という。相場が大きく変動する際には平常時に通用していった手法が使えなくなる、という可能性も視野に入れて分析を行うことが重要だ。

📊値上がり率ランキングの調べ方

値上がり（値下げ）率ランキングは、株探やYahoo!ファイナンスで調べることができる。画像は株探(https://kabutan.jp/news/marketnews/?b=n202005070700)の5月7日付け値上がり率ランキング。

125

急落時に25SMAが下向き継続なら戻り売り

📈 信頼度高!!

▶25日移動平均線と価格が
クロスしたときに戻り売り

2018年3月の日経平均の下落のように、上昇相場から一転急落した際は、あせらずに移動平均線の向きを確認しつつ、戻り売りを狙うのがおすすめ。特に右図のように25日単純移動平均線が横向きでなく、下向きの状況でリバウンドしてきた価格にタッチした場合は新規での売りのチャンス。こうした下落時には値動きが激しくなるが、初動で飛び込まずに移動平均線の向きを確認しながらあせらずに機会をうかがうとよい。

≡ 戻り売りのタイミング

日経平均株価 日足 2018年10月～2019年1月

126

急落からの半値戻し+25SMA反発は戻り売り

📈 信頼度高!!

▶急落後のリバウンドが下落後の
1／2まで戻したタイミングを狙う

テクニック125にさらに条件を付け加えると確度が上昇する。急落時に戻り売りを狙う場合、急落後のリバウンドで下落後の1／2まで戻したタイミングを狙うと、リバウンドの一旦の節目とされやすいので、その後再度下落することが多い（もしくはフィボナッチの61.8％まで待つのも手）。チャートから値動きを分析し取引する際にはサインは複数あったほうがより、確度が高まる。自分なりに下落時のエントリー条件をいくつか事前に決めておくと、あせって思わぬミスを減らすことができる。

≡ 戻り売りのタイミング

日経平均株価 日足 2017年12月～2018年3月

Section.4

株に関する制度

制度を味方につけて、利益を増やす方法や無駄な損を防ぐ手段を掲載。
さらに取引所動向や企業が制度を使った
結果による株価動向の見方も紹介！

信用取引で、レバレッジ効果を狙う

📈 信頼度高!! ☠ リスク大!!

▶資金効率UP! しかし損失リスクも上昇するので注意が必要

　これは、信用取引で儲けるための基本的なテクニック。

　信用取引とは、投資家が証券会社に対して一定の保証金（有価証券での代用可）を担保として差し入れ、株式の買付に必要な資金を証券会社から借りて行う株式取引のこと。

　委託する保証金は、取引金額の一部のみで済むため、少ない手元資金でその約3.3倍の取引を行うことが可能だ（レバレッジ効果）。

　ただし、大きなリターンを期待できる反面、値下がりした場合の損失も大きくなるので注意が必要。また、相場の変動によって、建玉（未決済の状態）の評価損の拡大により、保証金維持率が基準を下回った場合などでは、投資家は所定の追加保証金（追証）を差し入れなければならないなどのルールがある。信用取引を始める前には、必ずそのルールを確認しておこう。

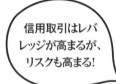

信用取引はレバレッジが高まるが、リスクも高まる!

信用取引は手元資金以上の取引が可能（レバレッジ効果）

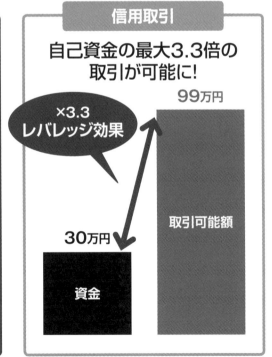

※信用取引は、証券取引所の基準を満たした銘柄を対象にした制度信用取引と、証券各社が選定した銘柄を対象にした一般信用取引の2種類がある。

有価証券
財産的価値を有するもの。株式・債券・手形・小切手などを指す

追加保証金
委託保証金が目減りし足らなくなった金額を証券会社に収めること

信用取引は売りからも入れる

信頼度高!!

▶「売り目線」でも儲けることができるテクニック

　これは、手元に株がなくても儲けることができる、信用取引だからこそ使える基本的なテクニック。信用取引では、買いの資金効率を上げるだけでなく、売付けに必要な株を証券会社から借りて行う「売り」からの取引ができる。現物取引ではできないが、信用取引では持っていない株を借りて先に売り、価格が下がったところで返済することでその差額を利益として受け取ることができる。この性質から2018年年初のような下落相場でも利益が出せる可能性があるのだ。

☰売りから返済買いが可能な点がメリット

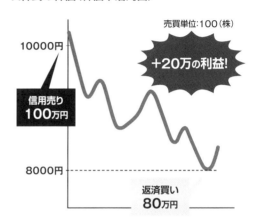

A株式の株価（株価下落局面）

売買単位:100（株）

10000円

信用売り
100万円

+20万の利益!

8000円

返済買い
80万円

自社株買いは株価が上がる可能性が高い

信頼度高!! 　**期間限定**

▶ 割安・上昇期待のダブルチャンス!

　これは、企業の動きをいち早くキャッチして儲けるテクニック。企業の内部情報を一番握っている企業自身が、自社の株価が市場において低く評価されていると考えている場合、自社株買いを実施することがある。このような自社株買いが行われた際は、一般の投資家も良い企業の株を安く買うことができるチャンスであり、需給状況の改善やPERなど各種指標の向上から今後株価が上がることが期待できる。こうした理由から自社株買いは好材料とされることが多く、株価が上がる要因のひとつとされていることを覚えておこう。

☰自社株取得銘柄は株マップ.comで調べよう

株マップ.com（https://jp.kabumap.com/servlets/kabumap/Action?SRC=tdNet/base&catg=09）では直近1カ月の間で自社株買いをした銘柄を調べることができる。

株に関する制度

▶お得になる制度

130

配当金について「申告不要」を選択するとよい人

📊 信頼度高!!

▶最大55%の税率を約20%に抑える!

　このテクニックを使って最もお得なのは、「所得税率が高い人」。所得税率は累進課税方式を採用しており、所得が一定数を超えるごとに税率が引き上げられていく。所得が4000万円を超えると税率は55%となるが、確定申告で「申告不要」を選択すれば所得税率が高くても配当にかかる税率は20.315%となり税金を節約することができる。ただし、「申告不要」を選択した場合、「配当控除」は受けられないので注意。

☰「申告不要」で税率がお得に!

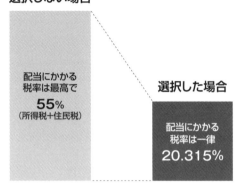

特に所得税率が高いほど、「申告不要」を選択すれば税率がお得になる可能性が高い。

▶お得になる制度

131

確定申告「総合課税」を選択するとよい人

📊 信頼度高!!

▶所得が330万円以下の人に有効!

　配当を含めた課税所得が330万円以下の人（所得税率10%)や、夫の配偶者控除などの適用を受けている人で、譲渡益や配当以外に所得がなく、株の利益や配当所得などの合計が38万円以下の人（専業主婦など）は、確定申告を行い「総合課税」を選択しよう。「総合課税」を選択すると、上場株式等の配当等にかかる税金は「累進税率」で計算されるので、「申告不要」よりも税率が低くなる。また、「総合課税」の場合は、「配当控除」を利用することが可能だ。

☰税率の低い人は「総合課税」がお得

課税所得330万円以下の人・配偶者控除を受けている人など

総合課税を選択

配当金にかかる税率は「累進税率」になり、税率が低くなる

|| **所得税率**
所得にかかる税金の率。日本は超過累進課税制度をとっており、7段階に分かれており、最高で45%

|| **総合課税**
ほかの所得と合算し、税金を算出する制度

損益通算で支払う税金を少なくする

📈 **信頼度高!!**

▶インカムゲインとキャピタルゲインを損益通算

　上場株式等を売却したことで譲渡損が発生してしまった人は、このテクニックを使って、譲渡損とその年分の利子や配当等と損益通算をしよう。損益通算する方法は2つあり、①証券会社にやってもらう（※）②譲渡損が発生した年度に確定申告を行い、配当所得につき「申告分離課税」を選択するの2つがある。また通常、NISA口座では、損益通算を行うことはできないことを覚えておこう。

※ 年始に最初の取引を行う前に、「特定口座」の「源泉徴収口座」を選択し、配当金の受取り方法で「株式数比例配分方式」を選択。

≡支払う税金を少なくすることが可能!

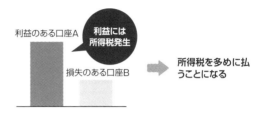

損益通算しない場合

利益のある口座A
利益には所得税発生
損失のある口座B
➡ 所得税を多めに払うことになる

損益通算した場合

余りの利益のみ所得税がかかる
➡ 所得税を減少できる

口座A・Bの損益を合算

売却損がある人は「申告分離課税」を選択する

📈 **信頼度高!!**

▶累進課税の総合課税に対して申告分離課税は税率が一定

　証券口座開設の際に「特定口座」を開設し、「源泉徴収アリ」を選択していなかった場合でも、課税所得が331万円以上で所得税率が20%以上の人は、確定申告を行い「申告分離課税」を選択しよう。「申告分離課税」を選択することで、株式の配当とその他の所得を分離して納税できるので、配当にかかる税率は20.315%となり、「総合課税」を選択するよりも税率を低くすることができる。また、「申告分離課税」では、配当所得と上場株式等の譲渡損失との損益通算ができるため、天引きされた税金を取り戻すことができる。

≡申告分離課税で損益通算

配当金の収益　　　　**売却損**

配当金があり、株やETFで売却損がある人

確定申告で「申告分離課税」を選択

配当金と、売却損を損益通算して天引きされた税金の還付が可能に

株に関する制度

▶お得になる制度

利益が20万円以下なら口座は源泉ナシを選択

📈 **信頼度高!!**

▶株で20万円以上稼いでなければ、税金を払う必要はない!

　サラリーマンなどで、ひとつの企業からの給与所得が2000万円以下、かつ副業等による収入がなく、株や投信の譲渡所得の合計が20万円以下になりそうな人は、「特定口座」で源泉徴収をしない「簡易申告口座」を選択しよう。特定口座で、源泉徴収アリを選択した場合、20万円以下の譲渡所得でも税金が源泉徴収されてしまうが、本来は利益が20万円以下なので、税金を払う必要がない。このテクニックを使えば、確定申告も不要で、税金を最大約4万円節税できる。

☰税金を払わなくてもよいケースがある

給与所得2000万円以下・副業による収入なし・譲渡所得20万円以下の人

「源泉徴収なし」を選択

最大4万円の税金を節約可能

▶お得になる制度

株式の贈与はもっとも低い評価額を確認

📅 **期間限定**

▶贈与税や相続税の節税になる

　株式を贈与や相続によって取得すると、課税対象となるため、税金を支払わなければならない。課税対象となるのは、その株式が上場している金融商品取引所が公表する課税時期（贈与の場合は贈与により財産を取得した日、相続または遺贈の場合は被相続人の死亡の日）の最終価格となる。

　しかし、課税時期の最終価格が、ある一定期間の平均価格（右欄①〜③）よりも高い場合、もっとも低い平均価格を評価額とすることができる。株式の贈与や相続の場面では覚えておきたいテクニックだ。

☰株の相続・贈与で見逃せないポイント

評価額にできる平均価格
①課税時期月の平均価格
②課税時期月の前月の平均価格
③課税時期月の前々月の平均価格

贈与の際に節税できるテクニック!

特定口座
証券会社が株取引のために用意した口座。証券会社が年間取引書作成や納税など代理で行ってくれる

簡易申告口座
源泉徴収なしで簡易に確定申告可能な特定口座を指す

譲渡損は、最大3年間繰り越すことが可能

▶損を損益通算しきれなくても心配なし!

損益通算しても、なお控除しきれない上場株式等の譲渡損がある人に大きなメリットがある技。譲渡損が発生してから、翌年以後3年間にわたり、確定申告を行い他の所得とは区分して税計算ができる「申告分離課税」を選択することによって、上場株式等の譲渡益及び上場株式等の利子や配当等から繰越控除することができる。ただし、譲渡損が発生しなかった年度でも、3年間連続で確定申告をしている必要がある。

☰売却損の3年間の繰り越し

還付申告は5年間遡ることが可能

📊 **信頼度高!!**

▶ついつい申告を忘れていても安心!

これは、上場株式等の譲渡損の3年間繰越控除を行いたいが、途中で確定申告を失念してしまっていた人に、特に有効なテクニックだ。現行の制度では、上場株式等の譲渡損益や、事業所得や不動産所得など他の所得について、確定申告をする義務がなく、行っていなかった場合、申告期限後5年間は、遡って期限後申告ができる。ただし、本来確定申告を行うべき時期に確定申告書を提出したかどうか、またその譲渡損失の生じた上場株式の口座が特定口座の源泉徴収アリであったかどうかなどによって、期限後申告が可能かどうかが異なるため、条件にあてはまるかをしっかり確認してみよう。

国税局のサイト (https://www.keisan.nta.go.jp/kyoutu/ky/sm/top#bsctrl) で書類作成が可能。

株に関する制度

▶お得になる制度

138

貸株制度によって、株を貸してお金をもらう

📈 信頼度高!!

▶塩漬け株を「貸して」有効活用させよう!

　このテクニックは、塩漬け株を保有している投資家にメリットがある。貸株制度とは、顧客が証券会社に対して株式を貸し付け、信用取引に使う制度のこと。例えば、楽天証券でALBERT（3906）を貸し出すと、12%の貸付金利を受け取ることができる（2020年2月現在）。ただし、通常、貸出した株式の所有権は貸出し先に移転するため、権利確定日に株式を保有していた場合にもらえる「配当金」が受け取れなかったり、権利確定日を越えて貸株をすると株主優待権利を失う可能性がある（※）。

※　権利確定日に一時的に貸株を戻す設定ができる証券会社もある。

☰貸株サービスのある証券会社

SBI証券
マネックス証券
カブドットコム証券
楽天証券
松井証券

※貸株金利は証券会社ごとに異なり、金利は毎月変更される

SBI証券の貸株に関するページ。申し込みは証券口座のマイページから申請することができる。

---

④

▶お得になる制度

139

積立などは購入手数料が安いところで取引する

▶何度も買い付ける投資法向け!

　ドルコスト平均法を使う投資家が使うテクニック。株式累積投資とは、1銘柄につき、月々1万円以上1000円単位で、指定の会社の株式を毎月定額購入する投資方法のこと。証券会社で株式累積投資を行う場合、株式累積投資口座の年間管理料や、買付ごとに毎月手数料がかかることがある。野村証券、大和証券など大手証券会社は手数料が高めに設定されているので、同銘柄の場合は、ネット証券など手数料が安い証券会社を利用するのがベストだ。テクニック150のように長期投資と相性のよいNISA口座で累積投資を行えば、売却益を非課税にすることもできる。

☰ドルコスト平均法を使うときに

> ドルコスト平均法で投資したい!

毎月定額購入するなら、手数料が安い証券会社にしよう

高額な銘柄を単元未満株を使って少額から買う

📈 信頼度高!!

▶一度では手が出せない高額株も購入可能!

　通常の株取引では、各銘柄毎に売買の最低単位である単元株数が決まっているが、「単元未満株」は、単元株数に関わらず取引が可能だ。高額な成長株などでも少額の資金で買い付けたり、未満株を合算して1単元にすることができる。そのため、元手資金が少なくても高額な株を買うことも可能になる。

　ちなみに、単元未満株は、株主総会における議決権の行使は認められないが、配当の配分や株式分割の割当は、保有株数に応じて正規配分される。

≣分割で1単元を購入

1単元100株、1株2000円の例

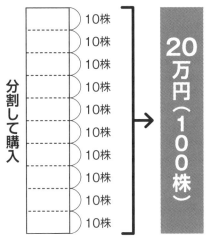

株に関する制度

勤務先の持ち株会を利用する

📈 信頼度高!!

▶市場よりも有利な条件で自社株をゲット!

　これは、株投資初心者でも、勤めている企業の制度を利用すれば簡単に使えるテクニックだ。会社に従業員持株制度がある場合、奨励金などで時価よりも安い価格で株が購入できたり、単元未満株でも買うことができたりと、市場で取引するより、有利な条件で取引できることが多い。また、勤務先が未上場企業の場合、将来会社が上場した時には、持ち株によって大きな利益を得ることができる可能性がある。一方、自分の資産が企業と同期してしまうため、企業の業績が悪化し株価が下がると、自分の資産も連動して減っていく点には注意。

≣持株会は企業の制度を利用したお手軽テクニック

従業員持株制度

企業が従業員に自社株を保有してもらう制度。資金は給与・賞与から天引きされて積立てられ、配当金も得られる

単元未満株

銘柄ごとに決められている最低売買の単位である1単元に満たない株式のこと。証券会社独自の呼び方もあり、ミニ株やプチ株といわれることもある

▶お得になる制度

142

株主総会に出席して、より企業に詳しくなる

📈 信頼度高!! | 📅 期間限定

▶株主の権利をフルに使おう!

株主総会では企業の経営陣が当年度（または当期）の業績や今後の見通しの発表を聞くことができたり、取締役の選任などの重要決定事項に投票することもできる。直接企業側の対応を確認できる機会なので発表者の表情などはよく観察しておこう。また、質疑応答の時間も設けられているので、疑問があれば事前に質問を用意しておこう。ただし、参加者が多い総会では時間が限られているので注意。また、株主総会では、出席者のみを対象に、事前の予告なしにお土産がもらえることがある。

≡株主総会を投資に活かすポイント

1 **発表する経営者の表情や声をチェック**
経営計画に自信のある・なしを読み取ることができるかも

2 **投資に適しているか改めて分析**
今後の業績見通しなどから自分の分析と照らし合わせ、保有する価値があるのかどうかを再考しよう

3 **不明な点、疑問な点は質問する**
質問は株主の権利。直接企業に質問できる機会を活用しよう

▶お得になる制度

143

金融機関が破綻しても、証券の権利は守られる

📈 信頼度高!!

▶1000万円を上限に金銭と有価証券が保証される

金融機関は、投資家と金融機関の資産を「分別管理」することが義務付けられている。分別管理が行われていることによって、金融機関が破綻しても、原則投資家の資産に影響はなく、破綻した金融機関から、自分の金銭や有価証券を返還してもらうことが可能。万が一、分別管理の義務に違反したことによって、投資家の資産が円滑に返還されない場合、日本投資者保護基金が、投資家一人当たり1000万円を上限に返還を受けられなくなった金銭と有価証券の価値（時価）を補償してくれる。補償の対象には、株式の取引（海外で発行されたものを含む）や、

投資信託の取引（海外で発行されたものを含む）に加え、株式の信用取引に係る保証金（委託保証金または委託保証金代用有価証券）が含まれる（※）。

※ただし、信用取引の未決済建玉に係る評価益や貸株は、分別管理および投資者保護基金の補償の対象外。

日本投資者保護基金のウェブサイト(http://jipf.or.jp/)。万が一の事態に備えてこのような機関の存在を覚えておこう。

分別管理
金融機関は、投資家の金銭や株式などの有価証券を金融機関自身の資産とは区分して管理しなければならない。これを「分別管理」と言う

金融機関に対して損害額の訴訟が起こせる

📊 **信頼度高!!**

▶元本割れリスクの説明がない場合に覚えておきたい

これは、投資家なら誰でも知っておきたい知識だ。金融機関のリスク説明が不十分な場合、元本割れした分について、損害賠償請求の訴訟を起こすことができる。具体的には、金融商品販売法により、金融商品の販売の際、金融機関は投資家に対して、商品の基本的な仕組みや特徴を理解させ、元本割れのリスクを周知徹底しなければならない。また、販売する金融商品に「権利行使期間」や「契約解除期間」の制限がある場合は、その旨も説明しなければならないとされている。訴訟を起こす場合、投資家は、金融商品の販売業者から十分な説明がなかった

ことのみを立証しなければならない。

☰トラブルの際は相談窓口へ!

国民生活センターのウェブサイト(http://www.kokusen.go.jp/)。その他、自治体が運営する消費生活センターや、法テラスなどにも相談が可能。

金融機関ともめた場合、コストが安い相談先がある

📊 **信頼度高!!**

▶簡易・迅速な「あっせんセンター」に相談

意外と知られていないが、これは金融機関とトラブルになった場合に頼りになる。裁判所に訴訟を起こすと、時間やコストなどの負担が大きいが、特定非営利法人「証券・金融商品あっせん相談センター」では、公正中立な弁護士(あっせん委員)に、株や投資信託などの取引に関するトラブルについて電話もしくはネットの相談フォームから相談することができ、裁判を起こすよりも簡易で迅速に対応などの手続きを行うことができる。株式や投資信託、FXなどの金融商品取引に関するトラブルがあった場合は覚えておこう。

☰迅速にトラブルの相談

株投資やFX専門のトラブルの相談や苦情を受け解決してくれる証券・金融商品あっせん相談センター(https://www.finmac.or.jp/)

株に関する制度

‖ **元本割れ**
購入価格や投資金額より受取額が減ること

‖ **証券・金融商品あっせん相談センター**
特定非営利法人。公正中立な弁護士(あっせん委員)に、株や投資信託などの取引に関するトラブルについて相談することができる

信用制度二階建てを利用する

☠ **リスク大!!**

▶価格変動リスクがさらに高まるので要注意!

これは、信用制度の上級者向けテクニック。

通常の信用取引よりも、よりレバレッジを効かせて投資をしたい人にメリットがある。

信用制度の二階建て取引とは、同じ銘柄を現物と信用取引で買うことだ。

保有している現物株を信用取引の担保にして、さらに同じ銘柄を信用取引で買い建てることで、レバレッジが高まるという効果がある。

一方、レバレッジが高くなった分、株価が下がった際に、信用建玉の評価損が増えるだけで

なく、担保として利用している現物株の評価も下がるため、追証が発生しやすくなる可能性があるので注意が必要だ。また、下の図では信用二階建ての解説のために担保に出す現物の評価を100％として計算しているが、実際は前日の終値を基準に算出された値（掛目）が担保値となる。有価証券の種類によって割合は変動し、株式の場合は80％以下となる。例えばSBI証券では、3月初旬時点で80％に設定してあった enish（3667）の代用掛目を、3月27日に50％へ変更している。割合によって必要な株数が大きく変わってくるため、信用取引を行う際には必ず確認しておきたい。

☰信用二階建てのイメージ

1

200万 → 2万株

200万円の資金で1株100円の株を現物で2万株買い

2

現物の2万株を担保に信用で6万株を買い、計8万株を保有

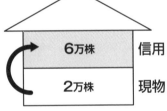

6万株	信用
2万株	現物

※時価評価が100％の場合

メリット

●信用取引のレバレッジ上限を超える資産運用ができ効率が高まる

上の例ではレバレッジは4倍。10円上昇すれば80万円の利益になる（現物であれば20万円）

デメリット

●損失額も大きくなる。10円下落で−80万円（現物であれば−20万円）

●少しの下落で追証になる可能性が高まる

リスクの高いテクニック!

過去に起きた掛目の変動
マネックス・ショック 2006年1月にマネックス証券がライブドアおよび関連会社の掛目を予告なく変更し、市場は暴落した。

レバレッジ
自己資本に対する利益率の倍率のこと

147

監理銘柄は大きく株価が上がるときがある

☠ リスク大!!　　**📅 期間限定**

▶ 株価急騰の可能性もあるが リスクは高め

　証券取引所が、上場廃止の恐れがある銘柄に指定したものを「監理銘柄」、上場廃止が決定した銘柄を「整理銘柄」という。2011年のオリンパス（7733）の粉飾決算ように、一度監理銘柄になった株が、上場廃止を免れ監理銘柄指定が解除されると、株価が急騰することがある。ただし、そのまま整理銘柄に入り上場廃止になることもあるので、監理銘柄になるような銘柄はリスクが高いことは注意しよう。監理・整理指定や、指定解除はJPXのウェブサイト内、「監理・整理銘柄一覧」で確認できる。

▤ オリンパス（7733）日足2011年9月〜2012年6月

2011年10月に社長解任、11月に不祥事を公表

暴落!!

2011年12月6日に監理銘柄に指定。翌年1月21日付で解除された。

株に関する制度

148

特定口座で源泉アリでも 確定申告はできる

📈 信頼度高!!

　「特定口座」で「源泉徴収アリ」を選択し、「申告不要」となっている人でも、確定申告を行うことができる。上場株式等の譲渡損の繰越控除を行いたい人は、「源泉徴収アリ」を選択していても、3年間連続で繰越控除確定申告を忘れずに行うことが大切だ。なお、「特定口座」の「源泉徴収アリ」で繰越控除の申告は忘れていたが確定申告自体は行っていると「申告不要」を選択したことになるため「更正の請求」はできないので注意が必要。

譲渡損が発生した時に使えるテクニックです!

149

銀行ではNISAは投資信託 しか扱っていない

　銀行のNISA口座での取扱商品は投資信託のみで、個別株、REIT、ETFを扱っていない。個別株等の売買をNISAで行いたい投資家は、証券会社に口座を開設する必要があるので注意が必要だ。NISA口座は毎年変更ができるので（テクニック156参照）、個別株に投資したい場合は移行したい年の前年の10月1日以降に証券会社に移行しよう。

▤ 証券会社のNISA口座を開設

カブドットコム証券のNISAサービス概要。個人株を取扱うには証券会社のサイトにて新たにNISA口座をつくろう。

監理銘柄
証券取引所が、上場廃止の恐れがある銘柄を投資家に周知させるために指定するもの。指定されても売買可能で、指定が解除されることもある

更正の請求
税金を納めすぎた場合など、税務署長に更正の請求書を提出し許可されれば払いすぎた税金が還付される措置

NISAは長期保有銘柄向き

📊 信頼度高!!

▶NISAの枠は
年に一度きりしか使えない

NISAはドルコスト平均法のように分割して買い増していく銘柄や、株以外でも非課税枠を無駄なく使える投資信託など長期保有する予定の銘柄や商品に向いている。NISAの非課税枠は年間120万円までとなっており、もしそのうちの20万円分を購入し、年の途中に売却したとしても、残りの非課税枠は100万円のままだが、年度が更新されない限り20万円分は再利用することができなくなるので注意。

☰NISAの枠は使い切り

> 一度購入するとその年は
> 売却しても枠が戻ってこない

20万円

残りの100万円は使える

120万円

▼

短期投資ではなく長期投資に向く

NISAは、売買手数料が
安いネット証券を使う

無駄な手数料を少しでも抑えたいという投資家向けのテクニック。NISA口座における株の売買手数料は、金融機関によって異なり、対面形式の大手証券会社の手数料は高く、ネット証券は安い傾向がある。また、NISA口座は毎年金融機関を変更できるため（テクニック156参照）、手数料に不満がある場合は翌年に変更しよう。

☰ネット証券は手数料が安い

口座内手数料無料キャンペーンを行う楽天証券。

ジュニアNISAを利用して、
非課税枠を増やす

📊 信頼度高!!

2016年からスタートしたジュニアNISA。特に子供がいる家庭で利用するといいだろう。ジュニアNISAは、0〜19歳を対象とし、非課税枠は年間80万円分までとなっている。家族みんなでNISAを利用すると、非課税枠を増やせる。原則として、親権者が取引主体者となり売買取引等を代行するが、本人が18歳になるまで払出し制限があるなど、通常のNISAと制度が異なる点があるので注意。

知っておきたい! 住民票は必要ナシ

ジュニアNISAは通常のNISAと違いマイナンバーカードがあれば証券会社や銀行で開設することができる

※ ジュニアNISAは2023年に制度が廃止される

NISAの枠内なら買い増しができる

📈 信頼度高!!

▶ 年間120万円の枠は分割して使用可能

　これは、ドルコスト平均法で運用する投資家も、NISA制度を有効に利用することができるというテクニック。NISAの非課税枠は年間120万円までとなっているが、一度の買付で120万円を全て使い切る必要はなく、少額ずつ買い増しすることが可能だ。また、分割して買っていく場合でも、特別手続きが必要というわけではなく、ただNISA枠で買い建てていけば問題ない。

NISAを有効活用!

120万円
NISA枠
枠は一度で使う必要はない

20万円 20万円 20万円 20万円 20万円 20万円
20万円ずつ枠を使うことができる
ドルコスト平均法にも利用可能

つみたてNISAで非課税枠を最大化

📈 信頼度高!!

▶ 年間投資額は少ないが非課税枠は最大規模

　2017年度税制改正大綱により、つみたてNISAが創設されることになった。新制度は2018年1月にスタートし、2037年まで20年間投資信託から得られる分配金や譲渡益が非課税での投資が可能となる。年間の投資上限は40万円までとなっており、最大800万円まで非課税になる。ただし、非課税対象は投資信託のみとなっている。個人投資家でも投資信託に興味がある際には利用してみてもよいだろう。

☰ NISAとつみたてNISAの違い

NISAとつみたてNISAの諸条件比較表

	NISA	つみたてNISA
年間投資上限	120万円	40万円
非課税期間	最長5年	最長20年
投資期間	2023年まで	2037年まで
対象商品	上場株式・投資信託など	長期投資に適した商品
非課税金額合計	600万円	800万円
制度の併用	いずれかを選択	

出所:金融庁の開示データより編集部作成

非課税枠が最大800万円

ドルコスト平均法
金融商品の投資手法のひとつで、買いたい商品を一度に買わず、資金を分割して均等に買っていくやり方

▶NISA

155

NISAでは株式数比例配分方式で配当を受け取る

　NISA口座で取引を行う場合に、最も重要なテクニックのひとつ。配当金の受取り方法を「株式数比例配分方式」としないと、配当金にかかる税金が非課税にならない。「配当金領収証方式」、「登録配当金受領口座方式」や「個別銘柄指定方式」にすると、20.315%の税率で源泉徴収されてしまう。配当金の受取り方をどのように設定しているか、必ず確認しよう。「株式数比例配分方式」を選択するにはNISA口座を申し込む際に配当金の受領方式を選択する必要がある。また、既に別の受領方式を選んでいる人はネット証券であれば各証券会社の会員ページで変更が可能。ちなみに、確定申告を行えば配当控除、損益通算や繰越控除をすることが可能だ。

▶NISA

156

NISAは金融機関を変更できる

📊 **信頼度高!!**

　売買手数料が高い金融機関や、個別株取引ができない銀行などでNISA口座を既に開設してしまっているなど、NISA口座の金融機関を変更することができる。2015年以後、年単位でNISA口座の金融機関を変更できるようになった。金融機関を変更する場合は、変更したい年の前年10月1日から、変更したい年の9月30日までに手続きをする必要がある。例えば、2021年分を変更したいのであれば、2020年10月1日から2021年9月30日の間に申請を行えば変更が可能だ。

　ただし、変更したい年分の属する年の1月1日以降、変更前の金融機関のNISA口座で買付けをした場合、その年分については金融機関を変更できないので注意。

▶NISA

157

NISAでは成長株の銘柄を保有する

📊 **信頼度高!!**

▶ 増収増益・高ROE銘柄がおすすめ!

　これは、NISAにおいて、非課税となるメリットを有効に利用するテクニックだ。株の運用益や配当にかかる税金が非課税になるNISAでは、増収増益で、ROEが高い成長株の銘柄のように長期で大幅な値上がりが期待できる銘柄を保有しよう。株価が大きく値上がりした場合に、非課税のメリットの恩恵を最大限受けることができる。120万円の運用枠を複数の銘柄に分割して成長銘柄を購入しておき、そのうち数銘柄が目論見通り上がれば効率的に非課税枠を使うことができる。

三 非課税のメリットを利用しよう!

NISAでは……

❶ 増収・増益
❷ ROEが高く成長を見込める

こうした銘柄を買おう!

大きく値上がりしても非課税なので効果が高い!

|| ROE
自己資本に対してのリターン（当期純利益）がどれくらい生み出されているかを示す指標

|| 株式数比例配分方式
保有するすべての国内上場株式の配当金を取引している証券会社の口座で受け取る方法

NISAの非課税期間は延長ができる

信頼度高!!

▶5年後の第3の選択肢 「ロールオーバー」

これは、NISA口座において、損をしている場合に使えるテクニックだ。

NISAの非課税期間は、投資をはじめた年から5年目の12月末までとなっており、非課税期間が終了したら、「一般口座か特定口座に移管する」「売却する」という選択肢の他に、翌年の非課税枠に資産を移管させること（ロールオーバー）ができる。

移管させた資産は、引き続き5年間NISA口座で保有し、非課税期間を延長することが可能だ。

ただし、移管できる非課税枠は120万円までなので、非課税口座で資産が130万円に増えた場合などは、10万円分は一般口座や特定口座に移管するか、売却しなければならない。

知っておきたい！ NISAは投資信託と高相性？

NISAの非課税枠を使った株投資の場合、購入単位は1単元ごととなり、上限の120万円を使いきれない場合がある。一方投資信託は購入金額を指定できるため、枠をぴったり使い切れるので比較的相性が良い。

≡ロールオーバーでNISA非課税期間を延長！

1 NISAの非課税期間が満了したら

一般の口座へ移す

売却

購入から5年後

2 ロールオーバーで期間延長

さらに5年延長する

新しい枠にロールオーバー

保有資産（120万円）

3 ロールオーバーのメリット・デメリット

● 6年目以降も非課税運用
● 一回限りではなく、何回でも発動できる

● 上限が120万円に限定されてしまう

株に関する制度

取得価格の更新
期間もしくは満期を迎えるとNISAでは終了時の時価に自動的に更新されてしまうこと

▶IPO

159

IPOなら大手証券会社から応募するのがよい

📊 信頼度高!!

▶野村や大和などの主幹事証券は IPO取り扱いが多い

　このテクニックは、IPO初心者でも簡単に使うことができる。企業が新規上場する際にさまざまなサポートを行う証券会社を幹事証券会社というが、中でも主幹事証券会社は、IPO株の割り当て株式数が多くなる。主幹事になることが多い野村証券、大和証券、SMBC日興証券といった大手の証券会社から申し込むと、IPO株の当選確率が高くなる。また、主幹事証券会社では、担当者と顔見知りになれば預入金額次第で優先的に回してくれることもあるので、積極的に申し込んでみよう。

▤IPOの当選確率を高める!

新規上場企業

証券会社にIPO株を割り当て

野村・大和など大手証券会社 **主幹事証券**　その他の証券会社 **幹事証券**

主幹事証券会社にはIPO株の割り当てが大きいため、当選確率がUPする

▶IPO

160

IPOで公募当選が難しい銘柄は、関連銘柄を狙う

▶上場時期には関連銘柄も 値動きが活発に!

　IPOで儲けたいと考える投資家に有効なテクニックのひとつ。注目度の高い株が新規上場する時期には、関連銘柄の株価も動くことが多い。IPOの抽選に外れた場合でも、すでに上場されている関連銘柄の売買で利益をあげることができる可能性があることを覚えておこう。例えば、日本最大級のフリマアプリを運営するメルカリの上場観測が報じられた2017年7月にメルカリの大株主であるユナイテッド（2497）が急騰した。特に注目されるIPO銘柄は上場前に四季報オンラインのコラムなどに取り上げられることが多い。事前に関連銘柄となる企業を検討しておこう。

▤注目されるIPO銘柄は 関連銘柄も動く

ユナイテッド（2497）分足　2017年7月12日～13日

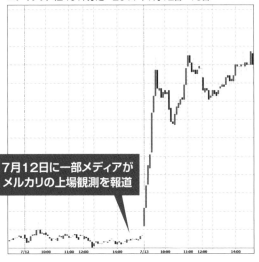

7月12日に一部メディアがメルカリの上場観測を報道

公募抽選に当選しやすくなる証券会社

▶ ポイントをためてIPO当選!!

これは、IPO抽選で当選したいと考えている投資家に耳寄りな情報だ。証券会社によっては、IPOの抽選で当選しやすくなるよう、会社独自のポイントサービスや企画を実施している。

例えば、SBI証券では、IPOの抽選に外れた回数に応じて、IPOチャレンジポイントが加算され、次回のIPO申込み時に、このポイントを使用することでIPOが当選しやすくなるポイントプログラムサービスを実施。また、大和証券でも、当選しなかった人を対象に、大和証券の預資産や、過去の取引実績等に基づいたポイ

ントの残高に応じてIPOの当選確率が変動する「チャンス抽選」というしくみがある。

なかなかIPO抽選に当たらないという投資家は、これらのサービスやキャンペーンを利用してみてはいかがだろうか。

SBI証券のポイントプログラム紹介ページ。

株に関する制度

≡SBI証券のチャレンジポイントの例

❶申し込みする

SBI証券

IPOチャレンジポイントが1ポイント減る

❷抽選終了後にポイント加算

当選

チャレンジポイントが
ー1ポイントのまま
引かれる

落選

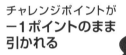

申し込みの際に減った
ポイントは戻り、さらに
1ポイント追加

❸落選しても次の抽選が当たりやすい

ポイントを使用して抽選に申し込めば、ポイントが多い人順に当選する。
100ポイントあればかなり可能性は高くなる

▶IPO

162

IPOは12月に多い

📅 期間限定

▶ IPOの当選確率を高めるなら
12月まで資金を貯めておこう!!

　年間を通じ、効率的にIPOで儲けたい投資家向け。1年のうち、企業の決算スケジュールの都合によって、12月はIPOの件数が最も多くなる傾向がある。そこで12月に向けて資金を用意しておくと機動的に動けるだろう。当選の確率を高めるために複数の口座を開設して置くことが基本戦略となるが、特に12月に上場する銘柄の主幹事・幹事を多く務める証券会社の口座開設は必須だ。一方、一定期間にIPOが集中する弊害として、上場する企業が多ければ多いほど資金が分散されるため、初値がそれほど高くない場合もある。

≡ IPOを狙うなら件数が多い
12月

2015年～2019年に新規上場した企業数の統計

	2015年	2016年	2017年	2018年	2019年	合計
1月	1	0	1	0	0	2
2月	6	1	4	3	5	19
3月	16	22	22	14	17	91
4月	12	4	5	9	5	35
5月	0	0	0	3	1	4
6月	9	14	7	11	11	52
7月	6	6	4	10	6	32
8月	7	1	3	3	1	15
9月	7	10	10	13	6	46
10月	6	6	11	9	14	46
11月	8	6	6	3	2	25
12月	17	14	20	19	21	91
合計	95	84	93	97	89	458

出所:日本取引所グループより編集部作成

4

▶IPO

163

IPOは最初の寄り値で売ると勝率が高い

▶ 「勝率が高い」であって
「絶対」ではない

　IPO初心者にも使えるテクニック。IPO株は、初値が公募価格よりも高値で決まることが多い。特に投資初心者の場合は、IPOで上場後に初値がついた後に成行で売り注文を出し売却することで、高確率で利益を得ることができるだろう。一方、2015～2019年の平均勝率(初値が公募価格より上昇した場合は勝ち、下落は負け)は84.4%と高い水準にあるが、IPOで上場する企業数は、2019年には89件、2018年には97件、2016年には84件と年度によって変動している。株の世界に「絶対」はなく、公募価格よりも初値が安く決まることもあると頭に入れておこう。

≡ IPOは寄付きで上昇が
見込める可能性大!

Kudan(4425)　日足　2018年12月～2019年4月

Kudanの公募価格は3720円だったが、初値では14000円の価格がつき、公募価格を約3.8倍上回った

指値注文、成行注文の使い分けをする

▶すぐ約定させたいときは「成行」、価格を決めたいときは「指値」

　株投資を成功させるには、注文を出すタイミングが重要。そこで「指値注文」と「成行注文」を使い分けよう。

　指値注文は、投資家が売買価格を指定して注文する方法で、希望した価格で売りたい、買いたいといったときに使う。仕事などで手が離せない時でも注文を出しておけるので活用しよう。ただしその価格にならなければ注文が成立しない点には注意。一方、成行注文は、値段を指定せず、そのときに出ている最も低い買い価格で売り注文、最も高い売り価格で買い注文が成立する。ちなみに、成行注文は指値注文よりも約定が優先されることは覚えておきたい。

☰「指値注文」と「成行注文」の違いとは？（買いの例）

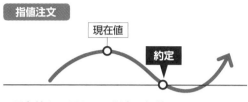

現在値とは異なった指定の価格で約定する注文

現在値と最も近い価格で約定する注文

信用取引は1日で何回も取引できる

📊 **信頼度高!!**

▶保証金があれば信用で何回でも取引可能!

　この制度を使って得をするのは、1日で何回も取引を行う短期売買の人たちだ。2012年までの信用取引では、1回の信用の新規買い（建て玉）を返済（売り決済）してから、決済日までの3営業日までは、保証金が拘束されており、次の注文が出せなかった。しかし2013年1月から規制緩和が行われ、返済と同時にすぐに次の注文が出せるようになり、1日に何度でも同じ信用余力（保証金）で取引が可能となった。レバレッジを効かせて資金効率を上げたい時に覚えておきたい。

☰信用取引規制緩和で1日何度でも取引可能に

2013年1月より前

2013年1月以降

株に関する制度

▶制度による株価動向

166

MSCB発行は株価が下がる

📅 **期間限定**

▶株価下落の発端になり得るので要注意

　これは新株予約権付社債に関する話。MSCB（moving strike convertible bond）とは、転換社債型新株予約権付社債（CB）のうち、転換価格修正条項がついているものをいう。一般のCBは、1株あたりの転換価額は決められており一定だが、MSCBは、転換価額が市場価格に応じて一定期間ごとに修正される。M&Aを行いたいが、資金力の乏しい企業にとっては、有力な資金調達方法のひとつだが、転換価額が修正されるうえに、増資額によってCB以上に新しく発行される株数が増え、一株あたりの利益が希薄化することから懸念されて

株価が下がることがある。実際に2005年にはライブドアを筆頭にMSCBが乱発され、株価の下落を引き起こした事例がある。その他、先行きが懸念される企業が発行する場合が多く、分析の際には注意が必要だ。

☰CBとMSCBの違い

	権利行使価格	株数
CB	固定	固定
MSCB	株価により変動	株価により変動

MSCB発行企業には安易に手を出さない！

▶制度による株価動向

167

リキャップCBは株価が上がるとは限らない

　これは、企業のROEに簡単に騙されないために覚えておきたい話だ。社債であるCBの発行によって、企業の負債は増加するが、自社株買いにより自己資本比率が低下するため、結果的に自己資本利益率（ROE）が引き上げられる。ROEの改善が見込めるリキャップCBだが、実際に企業が経営を改善せずに安易な資金調達をした場合だと、株価が上がるとは限らない。企業分析をする際は、利益率自体がアップしているかなど、ROEの改善した過程を理解することが大切だ。

▶お得になる制度

168

会社四季報の年間通期購読を利用しよう

　会社四季報は年間通期購読をすると価格の割引だけでなく、発売日の前日に届く（離島など、配送の難しい場所は条件による）というメリットがある。

　発売日前日にザッと会社四季報に目を通し、有望な銘柄を探し当てておくと、書店で発売日以降に買った投資家が優良な銘柄を見つけて投資する前に先回りできるため、初動で上昇に乗ることができる可能性が高くなる。

☰会社四季報の購読価格

購読期間	購買価格	お得になる額
2年（8冊）	16,960円	**1440円**
1年（4冊）	8,680円	**520円**

お得にいち早く情報を仕入れることができる

社債
事業会社が発行する債券

リキャップCB
企業が転換社債型新株予約権付社債（CB）を発行して、その調達資金で自社株買いを行うことを指す

Section.5

決算・IR・世界情勢

企業が発信する決算情報やIRの読み解き方を掲載。
投資家やアナリストたちがどのように判断し、対応しているのか?
その判断方法を集めた。

▶株価動向

同業種の決算に銘柄が影響することがある

▶上方修正は同業種で連動する可能性大

これは同業種で決算日が違う銘柄で、後日決算がある企業の決算のヒントを、既に決算が出た企業から推測するテクニック。

例えば、10月1日に道路関連のA社が上方修正したら、10月3日に決算予定の道路関連のB社も上方修正する可能性が高い。

また、10月10日に建設関連のC社が原材料高騰の為に利益を圧迫した、とあれば後日発表の建設関連企業も同様の理由で減益の可能性が高いといえる。

このような手法は同業種が多く並ぶ東証1部銘柄が利用しやすい。

1点注意しておきたいのが、仮に決算日の近い3社があるとして、そのうち2社が先に決算日を迎えどちらも好調だった場合、残りの1社は特に意識されるため、決算日を待たずに買いが集まって上昇していくケースだ。この場合決算発表で買いに入ると高値掴みになるので、同業者の決算を念頭にトレードをする際には事前に影響を受けそうな銘柄をグループ化し、チャートをチェックしておきたい。

特に決算の多い3月9月は取引チャンス!

☰同業種間で影響が出る場合のイメージ

❶良い決算の場合

道路関連事業の **A社**

10月1日

業績予想を上方修正します!

▼ 同業他社に影響

同業種の **B社**

10月3日

うちも業績予想を上方修正します!

B社の値上がりを狙って買いのチャンスに!

❷悪い決算の場合

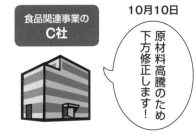

食品関連事業の **C社**

10月10日

原材料高騰のため下方修正します!

▼ 同業他社に影響

同業種の **D社**

10月15日

うちも業績予想を下方修正します!

C社の関連企業をもっている場合は手じまいの目安に!

170

市場コンセンサスは株予報でチェックする

📊 **信頼度高!!**

個別株に対する複数のアナリストの見解を知ることができる「市場コンセンサス」は、今後株価がどのように推移していくかのひとつの目安となる。ヤフーファイナンスが運営する「株予報」では経常利益や今後の株価についての予想を無料で見ることができる。また、有料だが、「会社四季報」は独自の業績予想が掲載されている。一方、業績が良いから株価が上がるわけでなく、業績が良くてもそれが予想どおりだと上がらないことがある。あくまで事前予測されたコンセンサスとの比較が肝。

アナリスト予想（コンセンサス）				会社予想
日付	2020/02/18	1週前	4週前	2020/01/14
経常利益予想	545	545	670	670
増益率	—%	—%	—%	—%

百万円、下段は前期比

株予報（http://kabuyoho.ifis.co.jp/）の各企業のページに飛ぶと、アナリスト予想（コンセンサス）を見れる。

171

決算発表後の購入でも上昇トレンドに乗れる

業績を取引の根拠とする場合に覚えておきたいのが、決算発表が市場の空いている時間かそうでないかという点。引け後の発表で好材料が出た場合は翌日の寄付きで買われるため、乗り遅れる可能性は低い、一方、場中に発表された場合は即買われるので、乗り遅れると高値掴みの危険性がある。決算発表後で業績がいい場合、その直後の株価上昇が5〜10％程度ならば買っても上昇トレンドに間に合うことが多い。

決算情報はTDnetなどで調べることができるよ

172

製品不具合・不祥事は絶好の押し目になる

☠ **リスク大!!**　📅 **期間限定**

▶株価下落後、元の水準に戻るタイミングが買い場

株式市場において、上場企業の製品がリコールされたり、不正会計が行われていたりといった出来事は大きな下落の要因となる。過去にはオリンパス（7733）の粉飾決算や東芝（6502）の不適切会計の問題、2016年には三菱自動車工業（7211）の燃費データ改ざん問題など枚挙に暇がない。一方で問題が風化しほとぼりが冷めると株価が元の水準に戻ることも多々ある。オリンパスの例で言えば、発覚後一時120円を切るほどに下げたが、その後の2020年2月現在では2057円まで戻している。一般的には上場廃止のリスクもあるので手を出しづらい

イメージもあるが、見方を変えれば絶好の押し目と捉えることもでき、下落の勢いが止まってリバウンドが始まるころが買い時となる。重要なのは製品不良・不祥事の深刻さと企業の規模を考慮して、問題が企業にとって致命傷となるかならないかを見極めることだ。加えて、下落の勢いが弱まり「下げ止まった」と思って底と判断し買いに回っても、押し目を作ってもう一段下げる「二番底」もあるので注意したい。

リバウンドせずにだらだらと下げ始めたら要注意!

市場コンセンサス

複数の証券アナリストが個々の銘柄について算出している1株当たりの純利益や株価のレーティング予想の平均値

▶株価動向

展示会で取り上げられた銘柄は大きく動く

📅 期間限定

▶展示会に先立って物色される傾向

　このテクニックはテーマが限定された展示会があるときに覚えておきたい。幕張メッセやビックサイトなどの展示会では年中、あるテーマを特集した展示会が催されている。「東京ゲームショウ」などゲーム関連のイベントの際にはゲーム株、「人と車のテクノロジー展」など車関連のイベントの際には車に新技術搭載する企業などが市場でも物色され、先立って関連銘柄が上昇することが多い。2020年1月に開催した「InterOpto 2020～光デバイス・レーザ技術総合展～」では、次世代技術の銘柄が多数注目された。年間の展示会場のスケジュールを把握しておくとよいだろう。

☰スケジュールの調べ方

幕張メッセのイベントカレンダー（https://www.m-messe.co.jp/event/）。年間の展示スケジュールが確認できる。

▶株価動向

先物の動きにつれて連動しやすい銘柄

📅 期間限定

▶業績が伴っていないと
　その後弱含むことも

　このテクニックは先物の値動きに連動しやすい銘柄を、業績で評価して売買するというもの。日経平均構成銘柄には「寄与率」というものがあり、株価が大きい値がさ株の方が日経平均株価の値動きに連動する。例えば、「ファーストリテイリングだけで日経平均を○○円押し上げた」というのは引け後によく聞く話である。そこで、先物だけが海外機関投資家に仕掛けられたタイミングなどに、ファーストリテイリング、ファナック、ソフトバンクグループなどが連れて動くが、業績が良かったり悪かったりして実質が伴っていないときには、逆張りしておけば、

緩やかに先物と逆の動きをする傾向がある。

☰寄与率の高い銘柄の探し方

Code	単位	企業名	現在値	みなし値	構成率	前日比%	前日比	寄与度	(売買額)
9983	270	ファーストリテイリング	59,990	59,990	9.23%	▲1.85%	+1090	+39.27	36,203
9984	260	ソフトバンクグループ	5,351	32,106	4.94%	▲1.56%	+82	+17.72	84,331
8035	160	東京エレクトロン	25,140	25,140	3.87%	▲3.86%	+935	+33.68	40,498
6954	160	ファナック	20,355	20,355	3.13%	▲0.15%	+30	+1.08	12,756
9433	250	KDDI	3,390	20,304	3.13%	▼0.15%	-5	-1.08	16,087
6367	150	ダイキン工業	15,590	15,590	2.40%	▲1.96%	+300	+10.81	15,080
4543	180	テルモ	3,814	15,256	2.35%	▲1.19%	+45	+8.48	5,975
6971	160	京セラ	7,406	14,812	2.28%	▲0.45%	+33	+2.38	9,538
6098	330	リクルートホールディングス	4,553	13,668	2.10%	▲1.18%	+53	+5.73	19,202
4063	70	信越化学工業	13,555	13,555	2.09%	▲1.42%	+190	+6.84	17,111
4519	80	中外製薬	12,015	12,015	1.85%	▲2.39%	+280	+10.09	12,353
6762	160	TDK	11,330	11,330	1.74%	▲1.80%	+200	+7.20	14,125
6857	160	アドバンテスト	5,630	11,260	1.73%	▲4.07%	+220	+15.85	18,902
8028	270	ファミリーマート	2,516	10,064	1.55%	▲0.12%	+3	+0.43	4,214
9735	330	セコム	9,572	9,572	1.47%	▲0.54%	+51	+1.84	5,750
4503	80	アステラス製薬	1,897	9,485	1.46%	▲1.47%	+27.5	+4.45	8,308
4523	80	エーザイ	8,947	8,947	1.38%	▲1.96%	+172	+6.20	7,912
4452	70	花王	8,542	8,542	1.31%	▲0.34%	+29	+1.04	7,062
7733	180	オリンパス	2,057	8,228	1.27%	▲3.55%	+70.5	+10.16	12,841
4568	80	第一三共	7,724	7,724	1.19%	▲2.62%	+197	+7.10	10,640
7203	170	トヨタ自動車	7,543	7,543	1.16%	▼0.67%	-51	-1.84	39,567
2413	330	エムスリー	3,075	7,380	1.14%	▲1.32%	+40	+3.46	9,522
6758	160	ソニー	7,370	7,370	1.13%	▲1.45%	+105	+3.78	36,188
9613	250	NTTデータ	1,465	7,325	1.13%	▲2.23%	+32	+5.76	4,721
4911	70	資生堂	7,029	7,029	1.08%	▲0.44%	+31	+1.12	8,784

世界の株価と日経平均先物（http://nikkei225jp.com/nikkei/）では日経平均株価への寄与率が高い銘柄をランキング形式で表示できる。

値がさ株
1単元の株価の水準が高い銘柄のこと

VCの資金が入った銘柄は暴落に注意

▶大株主欄のVCの有無を チェックしよう

　上場後間もない銘柄を売買する際に覚えておきたいテクニック。IPOなどで上場する企業のいくつかはVC（ベンチャーキャピタル）から資金を募っており、そのうち上場を目的とするVCの場合は上場後に株式を大量に売却するためことが多いため、株価に大きく影響する可能性が高い。VCが出資する際は大量に株式を取得するため、四季報などの「大株主」欄に掲載されていることも多いので、事前にチェックしておこう。上場を目的とするVCが大株主の場合は業績が良好でもすぐには飛びつかずVCの売却を待って底で買うのもひとつの手。

三大株主の探し方

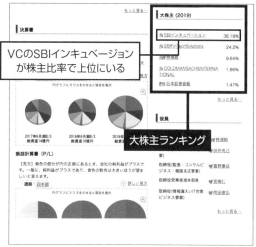

VCのSBIインキュベーションが株主比率で上位にいる

大株主ランキング

銘柄検索ができるullet（http://www.ullet.com/）のウェブページ。データはブロードバンドセキュリティ（4398）。

外国人の比率が高い企業は市況悪化がチャンス

期間限定

▶リスクオフ相場では特に影響大

　バリューを重視して投資したいときに覚えておきたいテクニック。日本株全体の外国人保有率は3割を占め、彼らが基準とする世界の経済状況の傾きによって、保有率は前後する。2016年のチャイナショックのように世界の株価が下落するような状況になった場合、海外ファンドなどは世界に分散させた資金を引き揚げようとする（リスクオフ）ので、保有する日本株が売られる傾向がある。外国人保有率は四季報などで調べることができるので、率の高い銘柄を保有している場合は、価格変動リスクの高い相場では注意しておこう。また、反対にそ

うした相場では業績好調・かつ増収増益の銘柄は買いのチャンスとなる。

三外国人持ち株比率の探し方

個人投資家向け投資・株価情報　ストックウェザー
StockWeather

《結果表示》 533 日足 外国人持ち株比率ベスト100 2020/02/18 1546銘柄
100件中1-50件
1 2 次へ▶

順位	市場	コード	銘柄名	株価（終値） 実数値（円）	株価（終値） 上下幅（円）	出来高 実数値（株）	外国人株比率 実数値（%）	P E R 実数値（倍）	単位株式数 実数値（株）
			平均値	4,214	-84	1,345,384	52.64	31.76	100
1	マザ	7683	ダブルエー	2,796	-104	15,100	98.90	14.24	100
2	東1	4716	日本オラクル	9,380	-180	84,300	88.00	26.87	100
3	JQ	6425	ユニバーサル	3,305	5	343,200	81.00	8.07	100
4	東1	3064	モノタロウ	2,545	-181	2,018,000	80.60	48.64	100
5	東2	3010	価値開発	165	-11	380,500	78.30	85.94	100
6	東1	4519	中外製薬	11,735	-130	566,000	77.70	33.82	100
7	東1	2337	いちご	390	-11	2,840,000	75.60	12.52	100
8	東1	7244	市光工業	703	-18	517,000	72.80	12.29	100
9	東1	6619	WSCOPE	781	-14	1,837,000	69.00	35.50	100
10	東1	6753	シャープ	1,490	-33	2,026,000	67.60	11.38	100
11	マザ	7036	EMネットJ	2,268	142	11,100	67.30	17.43	100
12	東1	6028	テクノプロH	7,670	-150	126,000	66.00	27.44	100

投資・株価情報を提供しているストックウェザー（https://stockboard.jp/flash/sel/?sel=sel533）のウェブページ。外国人の比率が高い銘柄をランキング形式で表示している。

∥ベンチャーキャピタル
高い成長率を見込む未上場企業に投資するファンド。同時に経営コンサルティングを行う場合もある

∥チャイナショック
2016年1月に上海株の暴落をきっかけに世界の株式市場が急落した

▶企業の実績の確認

177

大株主の動向で有望な企業を見つける

📊 信頼度高!!

▶ 株価に敏感＋自信のある会社が有望

ファンダメンタルズから投資のポイントを探したいときに覚えておきたい。安定的に株価が上昇する銘柄を探すには「社長や会長が筆頭株主」＋「自身で買い増し」しているような企業を探してみよう。ファーストリテイリングやソフトバンクなどが良い例だが、経営者が筆頭株主に名を連ねている銘柄は、経営者が株価の重要性を意識しているケースが多く、株価対策を講じる場合が多い。自社株買いについても自社の今後の成長への自信から現れる行動だ。大株主の変動は、四季報の株主欄や、EDINETの「大量保有報告書」などで検索できる。

≡ EDINETで変動を調べる

EDINET
https://disclosure.
edinet-fsa.go.jp

書類検索ページで、大量保有報告書にチェックを入れて検索できる。

▶企業の実績の確認

178

過去の業績予想修正をチェックする

📅 期間限定

上場企業は業績について当初予想から一定程度以上のかい離がある際には、「業績予報の修正」をすることが義務づけられている。企業によっては修正報告タイミングが同じになることがある。株価に大きく影響する過去の修正報告のタイミングを確認しておくとよい。

≡ 業績予想修正発表の条件

● 売上高に対して±10%以上の変動

● 営業損益、経常損益、当期純損益に対して±30%以上の変動

どちらかを満たした際は修正をする義務が生じる

▶企業の実績の確認

179

わからないことはIRに問い合わせる

📊 信頼度高!!

決算内容など不明な点などは企業のIRから問い合わせると、なぜそうなったのかを答えてくれる。事前に下調べしておくと具体的に答えてくれる。マナーと礼儀を守って連絡しよう。

≡ IR問い合わせ先の例

ソフトバンクのIRお問い合わせフォーム。問い合わせの前に「よくある質問」を読み、解消できる内容かどうかを確認しておこう。

四季報のニコニコマークでスクリーニング

📈 信頼度高!!

▶投資範囲を3000銘柄から100社に絞る

業績面から投資銘柄を探すときに使えるテクニック。

会社四季報の独自要素である通称「ニコニコマーク（ニコちゃんマークと呼ぶ場合もある）」は、会社四季報の取材記者が予想した営業利益と会社発表の営業利益とのかい離率を表している。

かい離率が3％以上30％未満の場合はニコニコマークがひとつ（強気）。このニコニコマークの意味するところはつまり、会社が「業績予想を控えめに出している可能性が高い」という点だ。したがって株価にとって好材料となる上方修正を期待できるのだ。

ニコニコマークひとつは毎号100社ほど、ニコニコマークふたつは毎号30社ほどしかないので、このマークに絞って調べればスクリーニングの初期段階として使える。

また、実際に本を買ってページをめくるのが面倒な人は、月額料金を支払えば四季報オンラインのスクリーニング機能で「会社予想と東洋経済予想の乖離（営業利益）（％）」と検索をかけるとニコニコマークと同様の条件で対応する銘柄を探すことができる。

☰ニコニコマークの見方

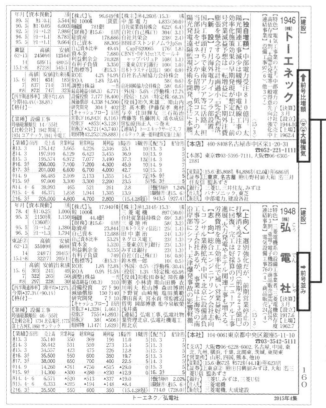

右ページであれば右端に表示されている。上段のトーエネックは会社四季報記者の業績予想と企業の予想が30％以上かい離しているためニコニコマークふたつで表示されている。下段の弘電社はかい離が±3％未満のため表示がない

ニコニコマークは上方修正期待
実力よりも控えめに業績を発表している可能性が高く、サプライズが期待できる

▼

買い時を判断する指標に!

出所：『会社四季報』東洋経済新報社

▶右側縦書き：決算・IR・世界情勢

会社四季報
東洋経済新報社が発行する上場企業の業績を投資家向けに編集された雑誌。年4回発行される

業績優秀で立会外分売を している新興株を狙う

　東証1部への昇格は株価の上昇要因となるため、事前に候補となりそうな銘柄を押さえておけばチャンスが広がる。

　特にジャスダックやマザーズなど新興市場に上場している銘柄のうち、業績が優秀かつ立会外分売をする企業は、東証1部上場を目指しているケースが多い（株主数や流動性の向上が東証1部昇格の条件となっているため）。立会外分売を実施した企業は各証券会社やJPXのサイト（https://www.jpx.co.jp/）に掲載されているので、定期的にチェックしておこう。

東証1部昇格の条件に近づいてきている銘柄を探してみよう

会社四季報のデータを無料 で閲覧する方法

📊信頼度高!!

　証券会社によっては口座を開設すれば無料で四季報のデータを閲覧することができる。2019年3月時点では楽天証券・マネックス証券・立花証券・大和証券・SBI証券・SMBC日興証券などが掲載している。但し、独自業績予想など閲覧できない情報もあるので注意。

☰証券会社で閲覧できる四季報の例

SBI証券のウェブサイト。個別株で検索すれば財務など四季報の情報を確認できる。

日銀金融政策決定会合でわかる株価動向

📅期間限定

▶発表時間によって今後の動きに影響

　大きな株価の流れを把握したい時に覚えておきたいテクニック。多くの銘柄に影響を与える日銀の政策発表。発表される時間は決まっていないが、基本的には日中の正午前後に行われることが多い。だが、政策金利が現状維持の場合は失望売りへの懸念から、後場が始まる前後の発表が多く、過去1度だけ、13時に発表された際には相場が大きく荒れた。また、瞬間的に600円ほど上昇したマイナス金利発表が12時50分であったように相場に大きなインパクトを与える可能性が高い発表がある場合の後場の開始前後のケースが多い。

☰リアルタイムで発表を見る方法

日本経済新聞が運営する日経チャンネル（https://channel.nikkei.co.jp/）。記者会見の要点なども確認できる。「日銀」で検索すると上記画面になる。

‖‖ 立会外分売

企業等が保有する株式が、証券取引所の取引時間外（＝立会外）で売り出される取引のこと

条件に合った銘柄をスクリーニングする

信頼度高!!

▶ バリュー投資に必須のテクニック

　銘柄選別作業を短縮したいときに覚えておきたい基本テクニック。バリュー投資では低PER・低PBRの銘柄を探すことが重要になるが、上場するすべての企業を四季報などで調べていくのは時間がかかる。そこでトレーダーズウェブや、みんかぶなどを使ってスクリーニングしていくと時間の短縮になる。PBR・PER以外にも時価総額や市場別など、細かい条件から検索ができる。業績以外にもRSIの「売られすぎ・買われすぎ」や一目均衡表の「雲抜け」などの売買サインも表示できることから短期トレーダーにもおすすめできる。

≡ スクリーニングができるウェブサイトの例

トレーダーズウェブの「銘柄スクリーニング（※）」。業績だけでなくかい離率などテクニカル面でも条件を指定することができる。

※ https://www.traders.co.jp/domestic_stocks/invest_tool/screening/screening_top.asp

Twitterで稼いでいる人たちをフォローする

▶ 考え方・情報の共有が可能に!

　Twitterを活用すれば、多くの株投資家と互いに情報を共有したり、その考え方をリアルタイムで知ることができる。「稼ぐ人の株投資 億超えの方程式」（スタンダーズ）にも登場したDAIBOUCHOU氏、RING氏、テスタ氏、ゆず氏など、実に多くの投資家が情報を発信している。発信する人の中には全く反対の立場で発言している人もいるので「成功投資家の一意見」として参考にしよう。

≡ 参考にすべき億超え投資家の例

投資を始めて4年で資金が120倍に。
@DAIBOUCHO

任天堂株を空売りで史上最高の売買代金を記録。
@xRINGx

メディア出演も多いオールラウンダーな投資家。
@tesuta001

ゲーム株を徹底的に分析する投資家。
@yuzz__

決算・IR・世界情勢

186

IRフェアに参加して企業の本音を聞きだす

信頼度高!! 　**期間限定**

▶ 生の声を聴くことで銘柄選びの指標になる

　東京取引証券所が主催する「東証IR」や、野村証券が主催の「野村IR資産運用フェア」など各企業が合同で説明ブースを設置し株主向けのセミナーなどを行うイベントでは、企業のIR担当者や社長に直接話が聞けるうえ、業績などの本音が見えることも。株主総会と同様、企業と直接触れ合えるチャンス。まとめてたくさんの企業を知ることができ銘柄選びの指標になる。また、IRフェアは地域性が出やすいイベントのため、福証（福岡証券取引所）や名証（名証セントレックス）などが主催するIRフェアでは地元の有力な銘柄を見つける絶好の機会だ。

≡ IRイベントの例

日本経済新聞社が主催する「日経IR・投資フェア」のウェブサイト。2020年は11月27日〜28日に開催される。

187

世界の株式市場がリアルタイムでわかるサイト

信頼度高!!

▶ 世界の動きがひと目で理解!

　日本株であっても世界経済と連動する傾向のある昨今では、主要な外国株式・為替・先物のレートをトレード前にチェックしておく必要がある。アメリカ、欧州、中国などリアルタイムでわかるサイトはいくつかあるので、トレードに生かそう。例えば「世界の株価」では地域別の株価指数と主な為替通貨ペアのレートなどが一覧で確認することができる。「ch225.com（※）」では為替・主要指数を複合チャートで閲覧でき、世界経済の流れを一度に把握したい時はおすすめだ。

※　https://ch225.com/

≡ 為替・先物なども一括で表示!

「世界の株価」のウェブサイト（http://sekai-kabuka.com/）。世界中の株価指数を一括で確認できる。その他主要な為替や商品先物も掲載されている。

188

FOMC·ECB発表翌日の値動きをチェックする

📅 **期間限定**

▶ 特に銀行は影響を受けやすいので注意が必要

　FOMCやECBなど、欧米の中央銀行の政策金利決定は日本にも大きな影響がある。というのも日本市場における海外の機関投資家の比率は6割以上を占めており、彼らの在籍地のほとんどがは欧米である。したがって欧米の機関投資家である銀行などが資金を借りる際には、FOMCやECBの政策金利に左右されることになる。結果、日本市場に多大な影響を与えることになるため、FOMCやECBが政策金利の変更を示唆、または発表した日の銀行株の値動きは、今後の世界市場の動向を反映している可能性が高いので注意しておこう。

≡ FOMC翌日の銀行株の値動き

三井住友FG（8316）日足　2019年7月～8月

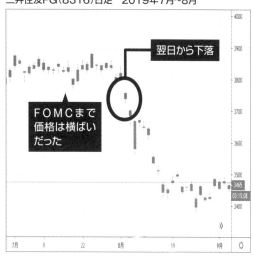

翌日から下落

FOMCまで価格は横ばいだった

189

時勢に合わせて見る指標を変える

📈 **信頼度高!!**　📅 **期間限定**

▶ 重要な指標は時勢によって変わる

　米国雇用統計をはじめとして国などの機関から発表される指標は、株価に影響を与えることがあるため、投資家も発表に注目する。

　米国雇用統計は失業者の増減など示す指標であるため、不況からの回復期には大きく株価に影響を与えていた。しかし、近年では米国雇用統計の発表によって大きく株価が動くということがなくなっている。

　一方でコロナショックの前後では「感染者数」や「死者数」といった指標に注目が集まり、市場もそれに反応していることから、時勢によっては経済以外の指標も市場に影響を及ぼすということがわかる。市場は大衆心理で動くため、柔軟に対応していくためには、常に「その時々において重要な指標は何か」ということを考えながら、情報を得ていく必要がある。

今は米国雇用統計よりもウイルスの感染者数などの指標が相場に影響しやすい

決算・IR・世界情勢

ECB
ドイツのフランクフルトに所在するユーロ圏の17カ国の金融政策を行う欧州中央銀行の略称

FOMC
アメリカの金融政策のひとつで公開市場操作の方針を決定する委員会。今後のアメリカの金融政策が予想できる。年8回開催

▶情報収集　企業

190

PERを使えば相場全体の割安度がわかる

📈 信頼度高!!

▶全体から大きな方向性を判断できる

　企業の割安度を見るための指標、PERは日経平均株価に適用することで、相場全体の割安度を測ることができる。例えば2020年2月19日の日経平均株価は2万3400円。これを予想PERである14.35倍で割ると約1631円となる。近年はおおむね14〜16倍の間で推移しているので、適正PERを15倍として計算すると約2万4460円が適正株価と予想ができ、現在が割安であれば、今後は上昇、割高であれば今後は下落が想定できる。日経平均株価のPERは、日経新聞の紙面、もしくはサイトで確認することができる。

☰相場全体のPERの調べ方

株価収益率（連結決算ベース）		
項目名	前期基準	予想
日経平均	13.47倍	14.35倍
JPX日経400	14.83倍	15.92倍
日経300	14.58倍	15.41倍
日経500平均	14.96倍	15.78倍
東証1部全銘柄	15.14倍	15.86倍
東証2部全銘柄	6.34倍	35.63倍
ジャスダック	23.66倍	20.45倍

株価収益率＝PER。各指標に対しての数値が算出されている

画像は日経新聞のウェブページ。その他PBR（純資産倍率）なども確認できる。https://www.nikkei.com/markets/kabu/japanidx/

▶相場の変化　売買

191

資源が動いたら関連銘柄に注目する

📅 期間限定

▶資源が上がれば商社も連動する可能性大!

　このテクニックは金などの資源価格が上昇するときに個別銘柄でも値幅をとれるというもの。例えば、金の再利用を事業とする松田産業（7456）などは金価格が上昇すると、売上自体が伸びるために業績も上昇する。また、その他の資源で見ると、日本で資源の権益を持つ代表企業は三菱商事（8058）などの商社であるため、資源全般が上がると商社株も上がることになる。

☰資源の動きに対応した値動きの例

SPDRゴールド・シェア（1326）日足　2019年1月〜12月

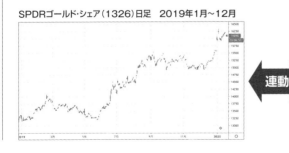

連動

NY金　日足　2019年1月〜12月

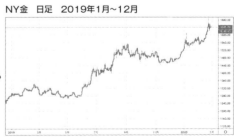

192

テーマ株は「噂で買って事実で売る」を地でいく

期間限定

▶短期的な上昇要因は手仕舞いのタイミングが肝

　材料発表前後に覚えておきたいテクニック。株は「噂で買って、事実で売る」という投資格言があるがその典型例として、テーマ株がある。

　例えば、新しい医薬品の開発が予定されていたり、新技術の特許を取得、などで株価が上昇することは多々あるが、臨床試験で成果が得られないと下落、特許を取得しても売上に変化がない決算が出ると下落、などのように期待がなくなると下落する傾向がある。

　こうした銘柄に投資する際は事実が出る前に素早く手仕舞うのが得策。

▤「噂で買って事実で売る」の例

サンバイオ（4592）　日足　2018年10月〜2019年4月

日付 2019/04/10 14:45 始値 3,190　高値 3,375　安値 3,155　終値 3,255

1月21日には12000円を超える

アメリカの臨床試験で「主要評価項目を達成できなかった」と1月29日に発表し暴落

慢性期脳梗塞を対象とした再生細胞医薬品「SB623」の治験成功で上昇し始める

193

企業の決算発表日を事前に把握する方法

信頼度高!!

▶株予報を使ってスケジュールを把握

　企業の決算発表日が近い株式を探しているときに便利なのが、株予報のスケジュールページ。カレンダー形式で1日ごとに件数が書いており、わかりやすくなっている。過去の決算発表した企業も閲覧できるが、1カ月前までしかデータが残っていないので注意。また、進捗状況と前期の結果もまとめられている。日付をクリックすると左下に表示される銘柄については、銘柄名をクリックすると別のページに飛び、チャートやPERなどの投資指標、市場コンセンサスも閲覧できる。

▤株予報でスケジュールをチェック

株予報（※）ではトップページに当月の決算スケジュールが掲載されている。

※ https://kabuyoho.ifis.co.jp

新規公開株の当日の値動きは事前情報で考える

📅 期間限定

▶公開価格、時価総額など公表されているので意外と予想できる

　このテクニックはIPOを行う銘柄の事前情報をチェックして値動きを予想する、というもの。ネットで検索すればIPOを行う銘柄の公開価格、公募数、時価総額など全ての情報をチェックできる。株価の値動きが良いのは「価格が低く、公募数が少なく、時価総額が小さい」という銘柄。例えば、2016年末に上場したエルテス（3967）は企業は公募数、時価総額共に少なく、初値は公開価格の数倍で寄付き、その後も強く上昇した。自分で上場予定の銘柄を探すのもいいが、「やさしいIPO株のはじめ方」などで評価の高い銘柄から絞っていくのもあり。

☰事前情報の調べ方

「やさしいIPO株のはじめ方」の銘柄紹介ページ（※）。こうした情報サイトでは上場を控える銘柄のデータや分析を見ることができる。

※ https://www.ipokiso.com/company/2016/eltes.html

世界中の指標、価格はMT5（4）を使って監視

▶チャート画面の調整もしやすくて見やすい

　FXでは世界標準とされるほど普及している取引ツールである「MT5（4）」。このソフトは取引するだけでなく、ドル円などの価格をはじめとして、日経平均株価やダウ平均株価などの指標、原油や金、ビットコインなどの価格などを同時に表示させることができる。同時にいくつかの指標を表示させ、その日ごとにエンジンになるものを監視する際に使いやすい。また、順番の並び替えや画面の大きさの調整などもやりやすいため、自分の見やすいように画面のアレンジできるのもポイント。

☰MT5の画面

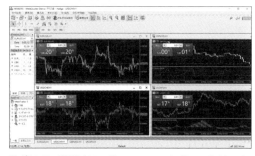

MetaTrader5（※）を開いたページ。瞬時にチャートを確認できる。

MT5は
チャート機能が
MT4より多い

※ ダウンロードURL https://www.metatrader5.com/ja/download

公開価格
IPOで株を購入する際に決められる価格のこと。当選者はこの価格を払うことで新株を購入することができる

Section.6

アノマリー・メンタル・過去データ

アノマリーによる株価の傾向、投資家のメンタルの持ち方を中心に掲載。
アノマリーとなった理由や過去に起こった事例を知ることで
日々動く株価にも対応することができる！

▶情報収集

大衆心理を煽る情報源をチェックする

📅 期間限定

▶SNSやWEB以外の情報源から 大衆心理を分析する

個人投資家のVさんは株投資の情報源としてテレビはあまり参考にしていないが、コロナショックでは状況が違ったという。2020年時点で多くの人は世界的なパンデミックを経験したことがないため、恐怖に対して耐性がなくメディアの煽りに誘導されやすい。その意味でどんなメディアが大衆心理を煽るのかという目線で見ると、それにはテレビで報道される情報番組やワイドショーが該当する。

コロナショックにおける一連の値動きは、ウイルスの特性などといった本質的な部分はもちろんだが、それをメディアが取り上げて大衆を煽ることによって引き起こされたパニックが原因となった側面もある。そのため、メディア側が報道をどれくらい過熱させて視聴率を取りにきているか、報道番組やワイドショーでどの程度新型コロナウイルス関連の話題を割いているのかという点を分析しつつ、それがどの程度、大衆心理に影響を与えるのかを考える必要がある。

新型コロナウイルスは、当初、高齢者など免疫力の低い人が感染しやすいと報道されていたが、のちに、若者でも感染するリスクは十分にあると判明。これらの事実を踏まえながらテレビ番組を活用し、大衆心理を考慮すると、テレワークなど、人と接しない商品やサービスに関する株を購入する判断へとつながる。

▶株価動向

鯉のぼりが見える前にいったん手仕舞い

📅 期間限定

▶機関投資家の買いが一巡

例年4月に言われるアノマリー。国内の証券会社や銀行は3月が決算絞め月の場合が多いため、ノルマ達成のために3月に資金が集まる傾向にある。そうして集まった資金で新規ポジションを持つ機関投資家が多いため、4月に買いが優位の相場になるといわれている。機関投資家の買いが一巡し、5月には売りにまわるため全体相場が下げやすい傾向があることから、「鯉のぼりが見える前」というアノマリーが定着した。したがってこの傾向から、5月前にいったん売買から離れ、市場が安定するのを待ったほうがよいだろう。

☰3月〜5月の動き

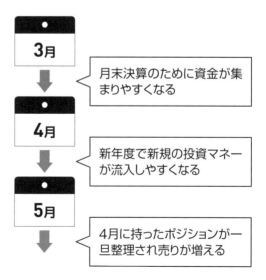

3月 → 月末決算のために資金が集まりやすくなる

4月 → 新年度で新規の投資マネーが流入しやすくなる

5月 → 4月に持ったポジションが一旦整理され売りが増える

週の中で株価が下がりやすいのは月曜日

📅 **期間限定**

▶翌週への持ち越しでうまみアリ

　取引される週の中で株価が下がるのが月曜日といわれる。であるならば、買うのは月曜日の終値、売るのであれば金曜の始値が有効だろう。持ち越しのリスクをとれるのであれば、金曜に空売りして、月曜の下落後に買い戻す戦略をとることもできる。右の表はテクニック197と同様の条件で、売りから入った場合の検証結果だ。こちらはすべての曜日において勝率、平均損益どちらもプラスになっている。特に月曜日は平均損益が244円とその他の曜日と比較しても顕著に差が出ていることから、売りでの取引に適しているといえる。

≡空売りに向いた曜日

曜日	勝率	平均損益
月曜日	54.44%	244円
火曜日	51.76%	9円
水曜日	52.19%	45円
木曜日	52.24%	21円
金曜日	51.91%	34円

> 月曜日が勝率、平均損益共に高い

条件 1990年3月1日〜2017年5月31日までの日経225全銘柄を対象に以下の条件で取引した勝率
- 各曜日の寄付きに空売り
- 購入日の大引けに買戻し

出所:『株暴騰の法則』(スタンダーズ)

週の中で株価が上がりやすいのは火曜日

📅 **期間限定**

▶機関投資家の影響から株高傾向か

　曜日アノマリーの一つ。損益の推移を辿ると、1990年〜1996年まではマイナスだが、以降上昇を続けており、上昇しやすい傾向にある。右の表は　日経225全銘柄を、曜日ごとに買いで入った場合の勝率を示したもの。すべての曜日で平均損益がマイナスとなっているが、最もマイナスが少なかったのが火曜日となっている。つまり株価が上がりやすいのは火曜日だが、どの曜日も勝率は5割を切っている。平均損益も高くないので、短期でのデイトレーダーの買いには向いていない。

≡買いに向いた曜日検証

(買い)	勝率	平均損益
月曜日	45.57%	−248円
火曜日	48.24%	−15円
水曜日	47.81%	−51円
木曜日	47.77%	−25円
金曜日	48.10%	−39円

> 火曜が比較的平均損益が低い

条件 1990年3月1日〜2017年5月31日までの日経225全銘柄を対象に以下の条件で取引した勝率
- 各曜日の寄付きに購入
- 購入日の大引けに売却

出所:『株暴騰の法則』(スタンダーズ)

▶株価動向　200

壊れた相場では
テクニカルが機能しない

📅 期間限定

　値動きが穏やかな相場では、例えば5日移動平均線での反発など、有名な指標が支持線・抵抗線として機能しやすい。しかし、コロナショックのように極端な値動きの相場では、テクニカル指標を知っている投資家たちの合意形成というよりも、アルゴリズムや思惑によって価格が形成されていくため、極端な値動きになりやすく、テクニカル指標が機能しないので注意する必要がある（個人投資家Vさんの体感では機能したのが移動平均線かい離率のみ）。

　ただ、それはこうした非常時の相場に限定してという話なので、「急変時にはテクニカル指標が機能がしない」ということを念頭に置きつつ、機能する相場まで待つか、かい離率を中心に分析するか、といった判断が必要になる。

▶株価動向　201

VIXが高いときは
週末持ち越ししない

📅 期間限定

　コロナショック時のように、暴落後の株価が落ち着いた状況でも以後の展開が明確に想定できないような相場では、市場にとってマイナスになる情報が唐突に出てくる可能性がある。さらに、その情報が土日での発表となると週明けの株価に大きく影響するため、基本的にはその状況下で株の持ち越しはしないほうがよい。

　特に週末に向けてVIX（テクニック106参照）が高い水準にあるとき、市場参加者が週明けの下げを気にしてポジションを解消するため、週末に株が売られるという現象が起きやすいので注意が必要だ。持ち越すのであれば、自分の戦略下で勝てる状況にある場合のみに限定したほうがよいだろう。それでも値動きが気になる場合は、少なくともリスクヘッジをしておこう。

▶株価動向　202

前例がないと予想外に大きく動く

📈 信頼度高!!　📅 期間限定

▶前例ない事態は市場がパニックを引き起こす

　株式市場は基本的に市場心理として「前例主義」で動くため、大きな値動きがあったとき、個別株であれば似たような業種や業態で大きく動いた銘柄を参考にして価格が変動することが多い。つまり、似たような前例がある銘柄は極端な値動きになりづらいが、逆に考えるとそうした前例がないケースではかなり深いところまで株価が動きやすいということでもある。

　過去の例で見るとPokémon GOブームでの任天堂（7974）はまさに「初物」の値動きで、任天堂単体はもちろん、ほとんど関係のないような銘柄まで物色されるなど市場心理が加速し

た。一方、数年後に類似のシステムを使ってコロプラ（3668）が発表した「ドラクエウォーク」も市場には好感触で株価も急騰したが、前例があるためPokémon GOほどの値動きにはつながらなかった。

　その点を考えると、コロナショックもウイルス発端の株価暴落ということで、過去のスペイン風邪という前例はあるものの、約100年前の事例ということで状況が異なるという点もあり、市場にはインパクトを伴って認識され、それがパニックを引き起こしたと考えることもできる。

長期投資では7〜9月が仕込みのチャンス

▶お盆の売りが出た後の タイミングに注目!

　このテクニックは中長期で株を買うなら夏の時期が安く買えて効果的というもの。

　投資格言に「株は秋に買って春に売れ」というものがある。これは大体3月末決算が出揃う5月中旬頃が株価の天井になり、それから閑散相場が続き、年末に向かって動く秋頃に買い始めろ、という1年を通じた売買タイミングのこと。

　一方、最近は秋に買えば儲かるという格言が有名になり、購入時期が前倒しになってきている。最近の傾向ではお盆の売りが出たあとの8月下旬から9月上旬である。

　下の表は過去26年間の日経225銘柄を各月初で買い、月末で売った際の検証結果だ。テクニック219の「夏枯れ相場」のアノマリーにもあるように、7〜9月の勝率が特に低くなっていることがわかる。

　また、反対に3月・4月の勝率が比較的高いことからテクニック197で紹介した「鯉のぼりが見えたらいったん手仕舞い」のアノマリーにも合致している。

　ここから、1年のスパンで投資を検討するのであれば、「7〜9月の下がったタイミングで仕込んで、3・4月の高くなったところで利確」という売買の目安となる。

≡7〜9月は特に負け数が多くなる

	勝率	勝ち数	負け数	引き分け数
1月	52.15%	39,239回	36,001回	1,788回
2月	50.36%	40,001回	39,429回	1,971回
3月	52.62%	42,228回	38,029回	1,641回
4月	54.84%	44,534回	36,666回	1,842回
5月	47.76%	38,377回	41,974回	1,671回
6月	49.91%	33,639回	33,755回	1,347回
7月	40.00%	30,871回	46,315回	1,791回
8月	40.39%	30,712回	45,321回	1,831回
9月	40.07%	30,560回	45,710回	1,698回
10月	43.75%	33,402回	42,950回	1,881回
11月	41.91%	31,731回	43,973回	1,728回
12月	51.42%	39,558回	37,370回	1,763回

1年のうち、特に勝率が高い期間

1年のうち、特に勝率が低い期間

条件 1990年3月1日〜2017年5月31日までの全上場銘柄を対象に、以下の条件で取引した月別の勝率
●毎月はじめに全上場銘柄を購入
●毎月毎に全上場銘柄を売却

アノマリー・メンタル・過去データ

出所:『株暴騰の法則』(スタンダーズ)

▶株価動向 **204**

寄り付き天井で買うと赤字

相場では「寄り付き天井・引け安値」という言葉もあるように、値上がりを期待して寄り付きで飛びついてみても、実はそこが天井で、そこから徐々に値下がりし結果引けが安値になるというものだ。寄り付きでは株価が値上がりする傾向があるものの、市場やサプライズ次第では利益確定や売りの圧力が高まるために引けに向かって株価が下落していくこともある。

≡寄り付き天井のイメージ

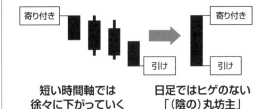

| 短い時間軸では徐々に下がっていく | 日足ではヒゲのない「（陰の）丸坊主」 |

▶株価動向 **205**

割安な銘柄で小型株効果を狙う

📅 期間限定

意外と知られていないが、時価総額の比較的小さな銘柄が、時価総額の大きな銘柄のパフォーマンスを上回る現象を、小型株効果という。この効果を裏付ける明確な理論はないが、大型株の場合、何かと注目が集まってしまうため、割安で放置されることはあまりない。一方の小型株は、普段、市場での注目度は低く、割安な状態である可能性が高いと認識されてはいる。しかしそれだけになにかあった際の利益の伸びしろは期待できるからと考えられている。

ただし、小型株は一度注目されると株価が大きくなるだけに、急激に下落することがある。大きく変動するということは、その分リスクも高いので注意が必要だ。

▶株価動向 **206**

下降トレンド時のかい離率は判断材料にならない

📅 期間限定

▶支持線に触れても下がり続ける可能性大

移動平均線に対する価格のかい離はやがて修正されるといわれているが、かい離率が判断材料となるのは上昇トレンド時のみとようこりんはいう。

日経平均株価が算出されてから現在までの約70年間のチャートを見ると、上昇トレンド時には途中で株価が下がっても支持線を超えて下がり続けることはないが、下降トレンド時には支持線に触れたあとも下がり続け、さらにかい離率もバラバラになってしまう。そのため、かい離率が常に判断材料になるとは一概にはいえないのだ。

≡日経平均株価で見るかい離率

日経平均株価　月足　1985年〜2020年

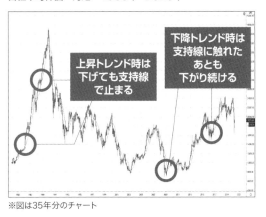

上昇トレンド時は下げても支持線で止まる

下降トレンド時は支持線に触れたあとも下がり続ける

※図は35年分のチャート

▶株価動向 **207**

大発会が上がった年は堅調

📅 期間限定

その年の相場の方向性が大発会の日足ローソク足と相関関係があるというアノマリー。

大発会が陽線で終われば全体相場が上昇することが多く、反対に陰線で終われば下落することが多い傾向がある。実際に、大発会が高値引けした年は年足でも陽線を引くことが多く、比較的信憑性が高いものといわれる。特に2017年の大発会は2013年より、4年ぶりの上昇を記録した。実は、前年の米国大統領選挙以後に形成された好感ムードが引き継がれた形で始まったことが一因であるのだが、こうしたアノマリーは、以降の株価動向を探る際の参考になるだろう。

▶株価動向 **208**

「辰巳天井、午年尻下がり」

📅 期間限定

干支によって全体相場の値動きに特徴がある、というアノマリー。特に辰年から午年にかけては「天井～下落」の動きが起こりやすい傾向がある。そのほか「未辛抱、申酉騒ぐ、戌は笑い、亥固まる、子は繁栄、丑はつまずき、寅千里を走り、卯は跳ねる」と続く。実際の12年周期の景気サイクルに因んだものとして信用性の高いアノマリーといわれている。

2020年は「繁栄」の子年と対応しており上昇トレンドの起点となるかに期待されている。

▶株価動向 **209**

ブラックマンデーがあった日は暴落に備える

📅 期間限定

▶ 前後は暴落が頻発。
懸念から株価が変動することも

1987年10月19日にNY証券取引所で起こった世界的株価大暴落「ブラックマンデー」を筆頭に、10月に暴落が起こりやすいというアノマリー。ブラックマンデー以後、1990年10月や2008年10月などに大きな値幅で変動したこともあり、実際に前後は暴落が起きやすい傾向にある。いまだ市場ではブラックマンデーが意識され、株価が変動することもある。一方で11月がヘッジファンドの決算月にあたるため、ポートフォリオの組み換えが起こり、資金が抜けるため、10月前後は暴落が起こりやすいとも言われている。また、ブラックマンデーを筆頭に西暦の末尾が「7」の年に暴落が起きるアノマリーがあることにも注意。

📊 過去10月に暴落した例

年月日	原因	結果
1929年10月	魔の木曜日	NYダウが10%以上の下げ
1987年10月	ブラックマンデー	NYダウが22.6%、日経平均は14.9%下げ
1990年10月	日本のバブル崩壊	日経平均が1時2万円割れ
2007年10月	サブプライムローン問題	NYダウが下落
2008年10月	リーマンショック	NYダウは9,000ドル割れ、日経平均は1万円割れ

アノマリー・メンタル・過去データ

大発会
取引所において新年最初の立ち会いのこと

ヘッジファンド
相場や市場に左右されずに絶対収益を追求する投機的なファンド

▶株価動向

210

過去27年間で12月の勝率は6割4分

📅 期間限定

▶20日ごろからポジションを
　持つのもアリ

　12月の株価傾向を示すアノマリー。クリスマス休暇で欧米の機関投資家が休むため一旦は調整するが、1年間で12月がもっとも株価が上昇する月となっている。この要因としては、11月までに機関投資家のポジション調整は終了しており、新しいポジションを12月から取り始めるから、ともいわれている。また、12月20日あたりから年末にかけて株価が上昇する傾向があることから「掉尾の一振り」という相場格言も存在する。

三年間で12月が最も勝率が高い

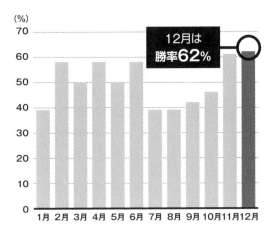

12月は勝率62%

出所:Bloombergデータより編集部作成
過去27年の日経平均株価の月足チャートをもとに、陽線で終了した月を勝ち、陰線で終了した月を負けとして、勝率を示した表。

▶株価動向

211

春節・国慶節前の株価変動に要注意

📅 期間限定

▶中国系資金の抜けで
　相場が変動

　中国の春節や国慶節などの大型連休前は、中国国内の機関投資家などがポジション調整を行うために売りが出やすい傾向にある。春節は1月後半〜2月前半、国慶節は毎年10月10日。これらの中国の祝祭日は中国系の資金が抜けるため相場が変動することが多く、ポジションを小さくしたり先物でヘッジをかけておくなどして備えておく必要がある。また、個別銘柄に限って言えば、休暇で日本に旅行する中国人も増え、消費も増えることから「春節銘柄」といえるような銘柄も存在する。

三春節が日本株に影響を与える例

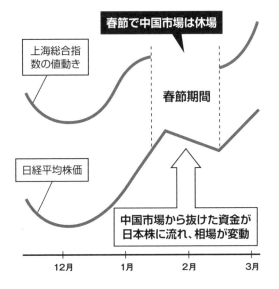

春節で中国市場は休場
上海総合指数の値動き
春節期間
日経平均株価
中国市場から抜けた資金が日本株に流れ、相場が変動
12月　1月　2月　3月

||掉尾の一振り
年末にかけて株価が勢いを増して上昇すること

212

12月に向けて小売・ゲーム関連が上昇する

📅 期間限定

▶日本も米国株も
ブラックフライデー以降は堅調

　アメリカでは毎年11月第4木曜日の感謝祭翌日の金曜日は「ブラックフライデー」と呼ばれ、小売店では1年間で最も売上高の多い1日。また、ブラックフライデーからクリスマスにかけて「クリスマス商戦期間」と位置づけられており、期間中は日本の比でないほど盛んになる。小売各社はかなり力を入れて販売を伸ばすため、小売や子供用のゲーム関連企業が上昇する。そのため米国株はおおむね堅調になりやすい傾向があり、日本でもブラックフライデーに向けて堅調になりやすく、関連企業が上昇する傾向にある。

☰小売り銘柄の上昇

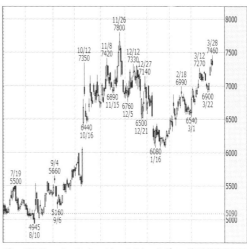

パン・パシフィック・インターナショナルホールディングス（7532）日足
2018年7月～2019年3月。

213

金融サイクルを頭に入れて大底を捉える

📈 信頼度高!!　📅 期間限定

▶株価上昇のタイミングは
財政出動の実施後

　投資家の伊藤さんが20年ほど相場に参加してきた体感として、下降相場では個人投資家から「もう終わりだ……」という声が聞こえてきたあたりが大底で、そこから財政出動が実施され、そのあとに株価が上昇していくという。

　これは過去の事例を見てもそうで、基本的に不況時の対策として「金融緩和」と「財政出動」がセットになるが、金融緩和は日本銀行の判断で行われるため比較的動きが早い。一方、財政出動は国会の承認を得てから実施されるという特徴があるため、ショックなどが起こると金融緩和の後に行われることになる。多くの場合、

そうした際にはまだ株価の下降が途中の状況である。その後、株価が下がり切り、悲観がもっとも大きくなるタイミングでようやく財政出動が行われるため、多くの場合、それ以上株価は下がらず、上昇していくことになる。こうしたサイクルを頭に入れておくと、中長期の投資などがやりやすくなる。

☰金融サイクル

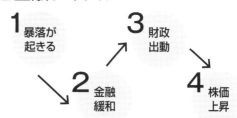

アノマリー・メンタル・過去データ

▶株価動向

214

45日ルールは5月と11月に特に影響が出る

▶インバースETFなどを ヘッジとして対応

　毎年11月に話題が上がる「ヘッジファンドの45日ルール」。ヘッジファンドの出資者はほとんどが大口で、資金を効率的に運用するため、解約のタイミングが3カ月に1回、（3月、9月、12月）半年に1回と（6月）限られている。そのため、解約を行うには解約日の45日前に通知をしなければならない。したがって2月・5月・8月・11月の15日ころにファンド側のポジション手じまいによる値動きが起きやすい。特に11月はヘッジファンドの解約が12月に集中することから値下がりしやすい月。また、同様に5月も大きく下落する傾向がある。

　日経平均ダブルインバースや先物などでヘッジするといい。大きな資金が動くイベントなので、起因するアノマリーをチェックしよう。

⟨三⟩ 5月と11月に大きく動く

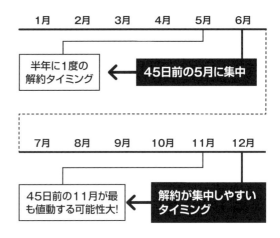

▶株価動向

215

メジャーSQ当日は 日経平均株価が上昇傾向

📈 信頼度高!!

　先物取引の清算日が株価に影響を及ぼすアノマリー。日経平均株価など株価指数に連動した先物取引の清算は毎年3・6・9・12月の第2金曜日と決まっており、この応当日にSQが算出される。先物の清算は「メジャーSQ」と呼ばれておりメジャーSQでは株価が乱高下しやすい傾向がある。当日は特に上昇方向にトレンドが出る傾向にあるので、それまでにショートポジションを持っている場合は直前で手じまったり、ヘッジを行っておくとよいだろう。

株価への影響は週で見ると少ない！

▶株価動向

216

マイナーSQの週は 日経平均株価が下落傾向

📈 信頼度高!!

　テクニック215と同様のSQに関するアノマリー。SQは先物以外にも上場株価指数オプションにも存在し、こちらは毎月第2金曜日に清算される。取引量の多い先物取引の清算がない年8回のSQはオプション取引だけのSQのため、「マイナーSQ」と呼ばれている。特にマイナーSQの週は日経平均株価が下落する傾向がある。下落は1週間続くのでショートポジションをとるか、インバース型のETFやeワラントの日経平均プットを購入するなどすれば収益機会にする可能性がある。

ロングのポジションを持っていれば保険に先物などでヘッジしておきましょう！

‖ **SQ**
特別清算指数。株価指数先物取引において反対売買の決算の価格を決定する際の指数

‖ **ショート**
「売り」のこと。金融市場では、保有していない資産でも売りから市場に参加することができ、売りから参加している状態のことをショートポジションという

大統領選挙の前年は株価が上がりやすい

📅 **期間限定**

　昔から大統領選挙の前年は、現職の大統領が支持率を意識した政策が起こるため、株価が上昇していく傾向がある。2016年の大統領選挙を控えた2015年においても、株価が上昇した動きが見られる。また、大統領が任期満了で交代する年は株が下がるアノマリーがある。

「現職大統領が支持率対策で株高を演出するから」という説があるよ

サザエさんの視聴率は株価と逆相関

　2005年に大和総研が発表したレポートから知られるようになったアノマリー。レポートでは「サザエさんの視聴率と全体相場は逆相関の関係にある」という分析がされており、景気判断の一指標として言及されることも多い。サザエさんの視聴率がよいということは日曜の夕方、家の中にいる人が多く消費低迷、逆に視聴率が悪ければ外出している人が多く経済が調子いい、というもの。もっとも、近年ではサザエさんを見る人自体が少なくなっているといわれており、参考程度に留めるのがよいだろう。

5月から9月までは相場が軟調になりやすい

▶長期目線では割安株を見つける機会にも

　米国株相場では「5月に株を売り払い、株式相場を離れろ（セルインメイ）」というアノマリーが広く知られている。これは全体相場が例年5月から9月までは軟調になりやすい傾向があることからきたものだ。夏場は機関投資家が夏季休暇を取るため相場が閑散となる、という背景からもアノマリーとして言及される要因になっている。また、米国株式相場と日本の株式相場の相関性が高い近年では、テクニック203とも期間が重なることから、市場でも意識されることが多い「強い」アノマリーとして知られており、長期のポジションをとる際の参考になる。

☰夏枯れ相場の値動きイメージ

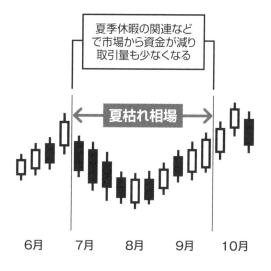

夏季休暇の関連などで市場から資金が減り取引量も少なくなる

夏枯れ相場

6月　7月　8月　9月　10月

アノマリー・メンタル・過去データ

オプション取引
デリバティブのひとつ。一定の期間において一定のレートまたは価格で取引する権利を売買する取引

プット
期日までに価格が十分値下がりすれば、買い手は利益がでるオプション取引のひとつ

Section.6

▶株価動向 220

1月月初は値上がり 2月に向けて下がる

期間限定

12月末から1月月初までは懸念材料が少なくなるため上昇傾向だが、1月中盤になるとその上昇の反動でいったん下げる傾向がある。中盤以降はポジションを小さくして対応しよう。テクニック197で紹介した「鯉のぼりが見える前に手じまい」のアノマリーと合わせると毎年年末〜5月のポジション取りの参考になる。

三 年始から2月の値動きイメージ

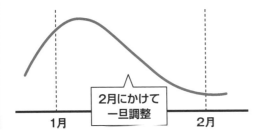

2月にかけて一旦調整　1月　2月

▶株価動向 221

「節分天井」「彼岸底」は真に受けない

2月から3月の値動きに関するアノマリー。節分（2月4日）に高値、彼岸（春分の日を中日とする3日間）になるにつれ安値になるという動きを表しているが、これは昔の話。バブル経済のときに用いられた言葉で、現在は海外市場の相場変動の影響のほうが相場に与える影響を大きくしているため、なかなかこの状況にはならない。

むしろ現在は「2月に底」「4月に天井」の傾向があるよ

▶メンタル 222

取引は決済時の損益着地点を決めておく

人間は利益が出ているとすぐ利確しようとし、損が出ていれば先延ばしにする傾向がある（損失回避性）。「利確したすぐ後に上がった…」などと取れなかった利益を悔いてもメンタルを消耗するだけ。取引を始める・手仕舞う際には「いくらまで上がったら売る（買う）」を予め決めておけば、決済後の値動きにメンタルを消耗しなくなる。

注文は指値、損切は逆指値にしておくと自動的に決済されるよ!

▶メンタル 223

まだはもうなりもうはまだなり

このテクニックは株価が天井付近、底値付近での値動きを示し、投資家としてとるべき行動を決める上で参考になるもの。そろそろ底値、そろそろ天井、と思ったところが相場のスタートということもある。なぜなら、そのような抵抗のゾーンをそもそも迎えるほど勢いが強いということであり、抵抗ゾーンを超えれば新しい相場を迎える傾向がある。そのため、安易に、そろそろ底値だろうという気持ちで買ってはいけない。

自分にとっての天井が、別の人には買いたい価格ということもある

ロング
「買い」のこと。買いから金融市場に参加している状態のことをロングポジションという

126

暴落時こそ自分の手法を貫く

📈 **信頼度高!!**

▶ 検証を重ねた手法を 一貫性をもって実践する

イレギュラーな相場で新しいことを始めるのは悪手。株投資で最初にやるべきは「自分の舞台で勝負する」ことだ。

確かに空売りやオプションなどは暴落時では有効な手段だが、それは普段から空売りやオプションで取引を行い、自分の手法として確立しているという前提があってこそ役立つ話。

普段、現物買いだけで取引している人が、暴落時にそのような取引を急に始めても、ほとんどはうまくいかない。個人投資家のVさんが重視しているのは、検証を重ねたうえで期待値の高い手法を、一貫性を持って実践するというこ

と。そう実践するからこそ、普段と様子が異なる際にはすぐに異変に気づくことができ、冷静に相場に向き合える。テクニック120などのように、過去の暴落時にリバウンドすることが多いということが検証でわかっていれば、ポジションを取った後にさらに価格が下がっても、保有を続ける根拠になる。

暴落時こそ
冷静にいつもの
自分を貫こう

12月は月初の下げで買って月末の上げを待つ

📅 **期間限定**

▶ 「12月は株安」は厳密には 「12月月初が株安」

メジャーSQ（テクニック215参照）があり、さらに機関投資家がクリスマス休暇前に組んでいたポジションを清算する動きが強まるため、「12月は株安」となる。しかし、厳密にいうと、株安になるのは12月初めだ。12月中旬から1月にかけては買いが戻り上昇しやすくなるだけでなく、政治経済などのイベントも落ち着き悪材料が出にくいためだと予想される。このことから11月中に保有している銘柄があれば、月末までにポジションを解消、もしくは小さくしておき、12月の月初の下げを待って新規で買い、翌年1月上旬まで持ち越すプランを組むこ

とができる。

☰ 12月～1月の値動きイメージ

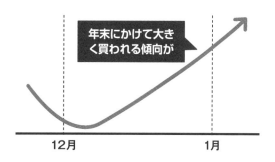

年末にかけて大きく買われる傾向が

12月　　　　　1月

2020年版

億超えを可能にする 株の稼ぎ技 225

2020年6月1日　発行

Editor	花塚水結・出口夢々（株式会社ループスプロダクション）
Writer	中野佑也、立野新治、下中英恵、伊達直太
Design	ili_Design
DTP	竹崎真弓（株式会社ループスプロダクション）
Illustration	伊藤キイチ
協力	伊藤亮太、V_VROOM、かんち、ようこりん、戸松信博、足立武志
参考書籍	稼ぐ人の株投資 億超えの方程式シリーズ1〜10、 株暴騰の法則、初めての株式投資で稼ぎ方までわかる本等
発行人	佐藤孔建
編集人	梅村俊広
発行・発売	スタンダーズ株式会社 〒160-0008 東京都新宿区四谷三栄町12-4 竹田ビル3F TEL：03-6380-6132
印刷所	中央精版印刷株式会社

ライター・編集者募集!!

株・FXを中心とした金融関連の紙面や文章を制作していただける外部スタッフを募集します。

あて先

〒160-0008
東京都新宿区四谷三栄町12-4
竹田ビル3F
スタンダーズ株式会社
『スタッフ募集係』まで

メールでも募集しています

info@standards.co.jp

●本書の内容についてのお問い合わせは、下記メールアドレスにて、書名、ページ数とどこの箇所かを明記の上、ご連絡ください。ご質問の内容によってはお答えできないものや返答に時間がかかってしまうものもあります。予めご了承ください。

●本書の内容を超えるご質問、さらにお電話でのご質問には一切お答えできませんので、予めご了承ください。

e-mail：info@standards.co.jp

●落丁本、乱丁本など不良品については、小社営業部（TEL：03-6380-6132）までお願いします。

⚠ 必ずお読みください

株式投資はリスクを伴います。本書で解説している内容は、個人投資家やアナリストの方々が使う手法・知識をテクニックとして収録したものですが、投資において絶対はありません。
製作、販売、および著者は投資の結果によるその正確性、完全性に関する責任を負いません。
実際の投資はご自身の責任でご判断ください。